현대중국어 시리즈 11
스크린 중국어

"영원한 사랑의 戀歌"

감독 : 陳可辛
주연 : 黎 明, 張曼玉

김성민
우치갑 編著

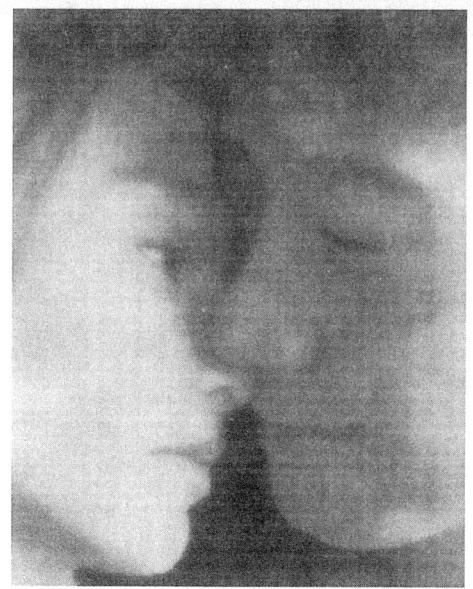

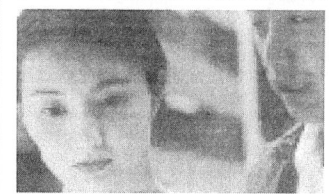

송산출판사

영화는 나의 인생에서 소중한 한 부분이기도 하지만 또한 나를 가르치는 제2의 스승이 되기도 한다. 특히 외국어 공부에 있어서 더 그러하다. 영화광인 중문학도의 한 사람으로 한편의 멋진 중국어권 영화를 접할 때의 기쁨은 참으로 말로 형언할 수가 없다.

천편일률적으로 쏟아져 나오는 홍콩의 영화들을 보며 실망을 더 많이 느껴온 지 오래지만, 그러한 속에서도 별처럼 빛을 발하는 명화를 발견할 때 더 큰 기쁨을 느낀다.

90년대에 들어와 1997년 홍콩 반환까지의 말기 홍콩 영화를 통산해 볼 때 많은 뉴 웨이브 무비들이 등장하여 새로운 스타일의 면모를 보여주었지만, 개인적으로는 1993년 尔冬陞감독의 「新不了情」과 1996년 陳可辛 감독의 「甜蜜蜜」을 최고 작품으로 꼽는다.

王家卫 감독의 테크니컬 무비도 아니고, 예술지상주의의 문예도 아닌 너무나 순수한 생활속의 인생을 보여주는 「甜蜜蜜」은 그냥 그렇게 영화속의 주인공들과 함께 웃고 괴로워하며 눈물을 흘릴 수가 있다. 바로 내 곁에 간직하고 있는 이야기들 처럼……

극장문을 나서면서부터 대본을 만들 생각을 하였는데, 이렇게 격식을 갖추어 보일 수 있게 되어 매우 기쁘다. 수많은 중문학도의 좋은 벗으로 항상 책상 위에서 펼쳐지기를 바란다. 黎小军과 李翹처럼 마음속에 간직된 소중한 사랑의 추억과 함께……

끝으로 본 극본에 지대한 관심을 갖고 흔쾌이 출판하여 주신 윤우상 사장님과 편집제작에 아낌없이 도움을 주신 김영조 편집장님, 편집부 직원들께 깊은 감사를 드린다.

1998년 1월 18일

金 成 敏

차 례

甜蜜蜜 첨 蜜 밀 蜜 밀

▲ 스 탭

出品人 ………… 邹文怀·曾志伟	제공 …………… 추문회·증지위
行政监制 ……… 钟　珍	제작운영 ……… 종 진
制片 ………… 张志光	연출 ………… 장지광
剪接 ………… 陈祺合·邝志良	편집 ………… 진기합·광지량
原作音乐 ……… 赵增熹 (星工厂)	원작음악 ……… 조증희
摄影 ………… 马楚成 (HKSC)	촬영 ………… 마초성
美术指导 ……… 奚仲文	미술지도 ……… 해중문
策划 ………… 许月珍·陈　惠	기획 ………… 허월진·진 혜
编剧 ………… 岸　西	극본 ………… 안 서
监制 导演 …… 陈可辛	제작 감독 …… 진가신

출 연 진

黎小军 ……… 黎明	여소군 ……… 여 명
李　翘 ……… 张曼玉	이 교 ……… 장만옥
方小婷 ……… 杨恭如	방소정 ……… 양공여
欧阳豹 ……… 曾志伟	구양표 ……… 증지위
Jeremy ……… 杜可风	제례미 ……… 두가풍
芥 兰 ……… Michelle Gabriel	개 란 ……… 미첼 가브리엘
厨师傅 ……… 张同祖	주방장 ……… 장동조

6

영원한 사랑의 노래

甜蜜蜜

시 · 나 · 리 · 오

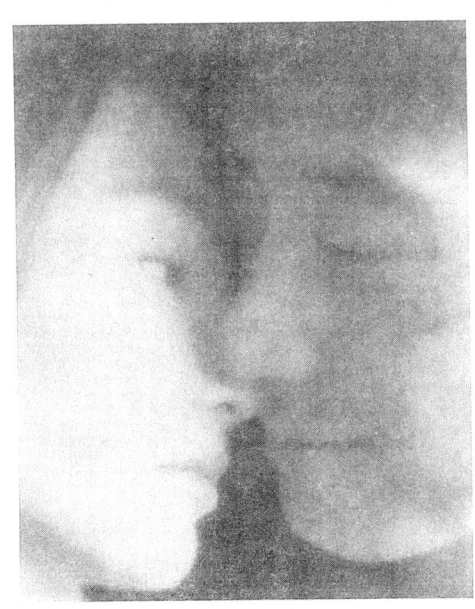

1986年 3月 1日

<九龙站-구룡역>

● 上海발 广州행 열차가 九龙站에 들어온다.

1. 人 们: 走！ 走！
　　　　　 Zǒu!　 zǒu!

2. 乘 客: 同志！ 快起来， 到站啦。
　　　　　 Tóngzhì!　 Kuài qǐ lái,　 dào zhàn la.

● 잠에서 깨어난 소군 서둘러 침을 챙겨 기차에서 내리고 낯선 표정을 지으며
역을 빠져 나간다.

<计程车-택시>

● 택시의 창 밖으로 九龙거리가 펼쳐지며, 소정에게 보내는 편지글이 흐른다.

3. 黎小军: （信）亲爱的小婷！ 我已经平安到达
　　　　　　 (Xìn)　 Qīn'ài de Xiǎo Tíng!　 Wǒ yǐjing píng'ān dàodá

了。 原来香港真的很远。 这里什么
le.　 Yuánlái Xiānggǎng zhēn de hěn yuǎn.　 Zhèlǐ shénme

都跟无锡不一样。 人多、 车多、 楼盖
dōu gēn Wúxī bù yīyàng.　 Rén duō、　 chē duō、　 lóu gài

得特别高。 听说小偷也特别多。 广—
de tèbié gāo.　 Tīngshuō xiǎotōu yě tèbié duō.　 Guǎng—

东人说话粗鲁， 声音又大。 小婷， 我
dōngrén shuō huà　 cūlu,　 shēngyīn yòu dà.　 Xiǎo Tíng,　 wǒ

真的很想你。
zhēn de hěn xiǎng nǐ.

<姑姑家-고모댁>

● 주소를 보고 찾아간 고모댁 입구에서 광동어를 모르는 소군, 언어가 통하지 않
아 당황한다.

8

1. 군 중: 갑시다. 갑시다!

2. 승 객: 동지, 빨리 일어나요, 역에 도착했
어요.

어휘풀이

2. 快 서둘러서, 어서
站 역

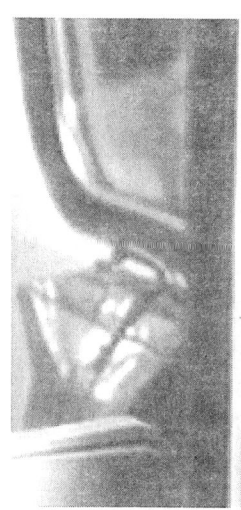
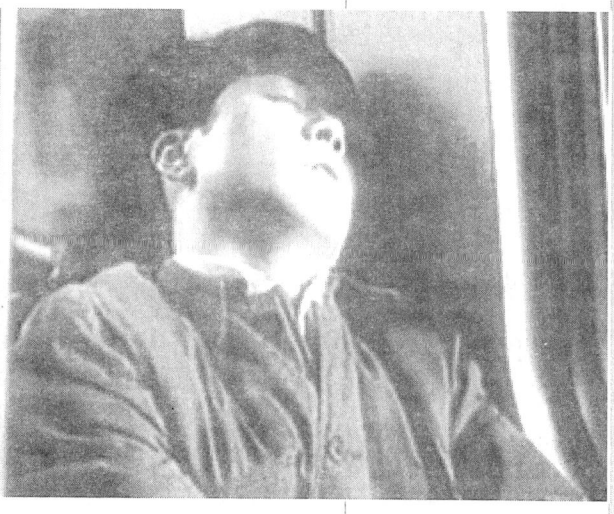

3. 여소군: (편지) 사랑하는 소정! 무사히 잘
도착했어. 알고보니 홍콩은 정말
멀어. 여기는 모든 게 무석과 달
라. 사람도 많고, 차도 많고, 빌딩
도 아주 높게 지어져 있어. 듣자
하니 도둑도 매우 많다고 해. 광
동 사람들은 말하는 게 거칠고 목
소리 또한 커. 소정 정말 네가 그
리워.

3. 到达 도착하다, 도달하
다
原来 알고보니, 원래
跟~不一样 ~와 같지
않다
无锡 (지명)무석
楼 건물
盖 (집이나 건물따위
를) 짓다 ↔ 拆: 철
거하다
小偷 도둑
粗鲁 우악스럽다, 거칠
다
想 그리워하다, 생각하
다, 想念의 줄임형

4、伯　伯：　（粤）找谁呀？
　　　　　　　（Yuè）　zhǎo shéi ya?

5、黎小军：　请问，　这里姓黎吗？
　　　　　　　Qǐngwèn,　Zhèlǐ xìng Lí ma?

6、伯　伯：　（粤）这个大陆仔。　召妓呀？　找你们
　　　　　　　（Yuè）　Zhège　dàlùzǎi.　zhào jì ya?　zhǎo nǐmen

　　　　　　　的。　出来呀。
　　　　　　　de.　chū lái ya.

● 태국여자가 나와 태국어로 뭐라 묻는다.

7、黎小军：　我找我姑姑。
　　　　　　　Wǒ zhǎo wǒ　gūgu.

● 태국여자는 못알아 듣겠다는 듯 뭐라 태국어로 말하며 문을 닫는다.

8、黎小军：　里面有其他人吗？
　　　　　　　Lǐmiàn yǒu qítā rén ma?

9、黎小军：　（信）这里有很多外国人。　叽哩咕噜
　　　　　　　（Xìn）　Zhèlǐ yǒu hěn duō wàiguórén.　Jīligūlū

　　　　　　　的。　其实就算是中国人说的话，　我
　　　　　　　de.　Qíshí jiùsuàn shì Zhōngguórén shuō de huà,　wǒ

　　　　　　　也听不懂。　何况是外国人呢？
　　　　　　　yě tīng bù dǒng.　Hékuàng shì　wàiguórén ne?

● 건물 로비에 서있는 소군을 고모가 나와 반갑게 맞는다.

10、姑　姑：　小军！
　　　　　　　Xiǎojūn!

11、黎小军：　姑姑！
　　　　　　　Gūgu!

12、姑　姑：　你来啦。
　　　　　　　Nǐ lái la.

13、黎小军：　（信）只有姑姑，我才明白她说什么。
　　　　　　　（Xìn）　Zhǐyǒu gūgu,　wǒ cái míngbai tā shuō shénme.

　　　　　　　姑姑很好。　让我自己住一个房间。
　　　　　　　Gūgu hěn hǎo.　Ràng wǒ zìjǐ zhù yī ge fángjiān.

4、아저씨: (광동어) 누굴 찾아?

5、여소군: 말씀 좀 묻겠는데 여기가 여씨댁 인가요?

6、아저씨: (광동어) 대륙 촌놈! 여자 찾아? 야, 너희들 찾는다. 나와봐라.

7、여소군: 전 고모를 찾는데요.

8、여소군: 안에 다른 사람 혹시 있나요?

9、여소군: 여기에는 외국인이 많아. 중얼중 얼 모르는 소리들만 하고, 사실 중국인이 하는 말도 알아들을 수 가 없는데, 하물며 외국인이야 어 떻겠니?

10、고 모: 소군아!

11、여소군: 고모!

12、고 모: 네가 왔구나!

13、여소군: (편지) 오직 고모가 하는 말만 뭐라고 하는 건지 알아 들을 수 있어. 고모는 참 좋아. 나에게 독 방을 주셨어. 햇빛도 잘 들고, 화 장실도 따로 달려있어서, 밤에 소변보러 갈 때에도 밖에까지 갈 필요가 없어. 너무 편해. 난 모든

9、叽哩咕噜 알아 들을 수 없는 말, 중얼중얼
就算 비록 …한다손 치 더라도
何况 하물며, 더군다나

13、充足 충분하다
厕所 변소
尿尿 소변 보다
方便 편리하다

光线充足，还有独立的厕所。 晚上尿
Guāngxiàn chōngzú, hái yǒu dúlì de cèsuǒ. Wǎnshang niào—

尿都不用跑到外面去。 方便极了。
niào dōu bú yòng pǎo dào wàimiàn qù. Fāngbiàn jí le.

我这里一切都好， 你不用担心。
wǒ zhèlǐ yīqiē dōu hǎo, nǐ bú yòng dānxīn.

● 홍등가 여자들의 생활을 지켜보는 소군, 모든 게 낯설다.

14、黎小军： （信）香港人很奇怪。 他们好像都不
(Xìn) Xiānggǎngrén hěn qíguài. Tāmen hǎoxiàng dōu bú

用工作。 白天睡得很晚才起床， 晚
yòng gōngzuò. Báitiān shuì de hěn wǎn cái qǐ chuáng, wǎn—

上呢， 就穿得漂漂亮亮地出去玩儿。
shang ne, jiù chuān de piāopiāo liàngliàng de chū qù wánr.

还有姑姑跟我说。
Hái yǒu gūgu gēn wǒ shuō.

15、姑 姑： 你不要叫我姑姑， 叫我 Rosie。
Nǐ bù yào jiào wǒ gūgu, jiào wǒ Rosie.

16、黎小军： Rosie!

17、姑 姑： 对！ 进来吧。 穿这一套衣服去见工
Duì! Jìn lái ba. Chuān zhè yī tào yīfu qù jiàngōng

吧。 你穿成这样啊！ 被警察看见了，
ba. Nǐ chuān chéng zhèyàng a! Bèi jǐngchá kàn jiàn le,

不查你身份证才怪耶。
bù chá nǐ shēnfènzhèng cái guài yé.

18、黎小军： 谢谢。
Xièxie.

19、姑 姑： 哎哟！ 小心， 小心啊！ 等你赚到钱
Āiyō! Xiǎoxīn, xiǎoxīn a! Děng nǐ zhuàn dào qián

啊， 送出干洗啊。 早晚有一天他要
a, sòng chū gānxǐ a. Zǎowǎn yǒu yī tiān tā yào

게 순조로워, 그러니 걱정하지
마!

14、여소군: (편지) 홍콩사람들은 참 이상해.
그들은 일을 안해도 되나 봐. 낮
에는 늦게까지 잠만 자다가 일어
나서는, 저녁에 예쁘게 차려입고
서 놀러나가. 그리고 고모가 내
게 말하기를…

15、고 모: 날 고모라 부르지 말고 Rosie라
고 부르렴.

16、여소군: Rosie!

17、고 모: 그래! 들어오너라! 이 옷 입고 면
접보러 가거라. 네가 이렇게 입
고 있는데, 경찰이 보고 신분증
조사를 하지 않으면 그게 오히려
이상하지.

18、여소군: 고마워요!

19、고 모: 얘! 조심해 조심! 네가 돈 벌면
드라이클리닝 하러 보내야 돼.
조만간에 그가 만약 돌아오면 또
입어야 하니까.

回来，还要穿的。
huí lái, hái yào chuān de.

20、黎小军： 姑夫呀？
Gūfu ya?

21、姑　姑： 威廉。 欸！ 你有点像他耶。
Wēilián. ēi! nǐ yǒu diǎn xiàng tā yē.

22、伯　伯： （粤）Rosie！ 外卖来了。 出来付钱。
（Yuè） Wàimài lái le. chū lái fù qián.

＜鸡贩－닭가게＞

● 촌티나는 양복을 입은 소군, 아저씨와 함께 일자리를 부탁하러 간다.

23、老　板： （粤）有没有搞错呀？ 这儿是杀鸡杀鸭
（Yuè） Yǒu méiyǒu gǎo cuò ya? Zhèr shì shā jī shā yā

的地方而已。 你干吗穿这么漂亮呀？
de dìfang éryǐ. Nǐ gànmá chuān zhème piāoliàng ya?

24、伯　伯： （粤）行了。 待会儿我带他去路口的
（Yuè） Xíng le. Dài huìr wǒ dài tā qù lùkǒu de

七记买点粗布衣服就是了。
Qījì mǎi diǎn cūbù yīfu jiùshì le.

25、老　板： （粤）好。 明天六点正叫他上班。
（Yuè） hǎo. Míngtiān liù diǎn zhèng jiào tā shàng bān.

每个早上我们这儿都忙得要命的。
Měi gè zǎoshàng wǒmen zhèr dōu máng de yào mìng de.

有空就教这个"阿灿"说广东话吧。
Yǒu kòng jiù jiào zhège "Ā Càn" shuō Guǎngdōnghuà ba.

26、伯　伯： （粤）知道了， 谢谢你啊。 鸡佬。
（Yuè） Zhīdào le, xièxie nǐ a. Jīlǎo.

走吧， 走吧。
Zǒu ba, zǒu ba.

27、黎小军： 谢谢你。
Xièxie nǐ.

28、伯　伯： （粤）走吧！
（Yuè） Zǒu ba!

20、여소군: 고모부요?

21、고 모: 윌리암. 아이! 넌 그를 좀 닮은 것 같구나.

22、아저씨: (광동어) Rosie! 배달왔어. 나와서 돈을 줘.

23、주 인: (광동어) 뭐야 뭐! 여긴 닭이니 오리니 잡는 곳인데 예쁘게 빼입고서 뭐하자는 거야.

24、아저씨: (광동어) 됐네, 됐어. 좀있다가 입구쪽에 七记에 가서 무명옷 사 입히면 되잖아.

25、주 인: (광동어) 알았네. 내일 여섯시에 출근하라고 해. 매일 아침마다 여긴 엄청 바쁘단 말일세. 시간 나면 이"대륙 촌놈"한테 광동어 하는 것 좀 가르쳐!

26、아저씨: (광동어) 알겠네, 고마우이. 닭집 네! 가자, 가!

27、여소군: 고맙습니다.

28、아저씨: (광동어) 가자!

어휘풀이

21、像 닮았다

23、有没有搞错! (얼토당토 안한 말을 들었거나, 황당한 경우를 당했을 때 내뱉는 말) '무슨 소리야?' '뭐 잘못 안 것 아냐?'

25、~得要命 (형용사 따위 뒤에 붙어서) '매우' '아주' '~하여 죽을 판이다.' 阿灿 香港 등지의 유행어, 대륙에서 건너온 촌사람=表叔

29、黎小军: 你人真好。
Nǐ rén zhēn hǎo.

<街上 - 거리>

30、伯 伯: （粤）姑母真的很疼你。　她把醉猫的
(Yuè) Gūmǔ zhēn de hěn téng nǐ.　Tā bǎ zuìmāo de

西装也给你呀?
xīzhuāng yě gěi nǐ ya?

● 갑자기 튀어나온 택시에 아저씨가 부딪칠 뻔한다.

31、伯 伯: （粤）老兄啊!　你怎样开车的。　这条
(Yuè) Lǎoxiōng a!　Nǐ zěnyàng kāi chē de.　Zhè tiáo

街不是你的。　这个混蛋计程车司机。
jiē bù shì nǐ de.　Zhège húndàn jìchéngchē sījī.

你活该一辈子开计程车。　撞死了我,
Nǐ huógāi yī bèizi kāi jìchéngchē.　Zhuàngsǐle wǒ,

你老婆做一辈子妓女也偿还不了。
nǐ lǎopo zuò yī bèizi jìnǚ yě chánghuán bù liǎo.

32、黎小军: 欸,　算了算了。　不是醉猫,　他叫威
Ēi,　suànle suànle.　Búshì zuìmāo,　tā jiào Wēi-

廉。
lián.

33、伯 伯: （粤）什么威廉?　你姑母迷威廉荷顿
(Yuè) Shénme Wēilián?　Nǐ gūmǔ mí Wēilián Hédùn

到快疯了。　有个晚上她在荷李活道
dào kuài fēng le.　Yǒu gè wǎnshang tā zài Hé lǐ huó dào

找到个醉猫。　便对别人说他是威廉
zhǎo dào gè zuìmāo.　Biàn duì biérén shuō tā shì Wēilián

荷顿,　她疯了。　你明不明我讲什么?
Hédùn,　tā fēng le.　Nǐ míng bù míng wǒ jiǎng shénme?

（粤）她疯了,　疯了。
(Yuè) Tā fēng le,　fēng le.

34、黎小军: （信）亲爱的小婷!　我已经找到工作
(Xìn) Qīn'ài de Xiǎotíng!　Wǒ yǐjing zhǎo dào gōngzuò

16

29. 여소군: 참 마음이 좋으시군요.

30. 아저씨: (광동어) 네 고모가 널 엄청 아 끼나보다. 그 주정뱅이의 양복까 지 널 주다니?

31. 아저씨: (광동어) 형씨! 운전 어떻게 하 는 거야? 거리가 네놈 건 줄 아 냐? 이 빌어쳐먹을 택시 기사놈 아! 한평생 택시 몰아도 싼 놈. 나 치어 죽이면 내놈 미누라 평 생 몸팔아도 다 못갚아!

32. 여소군: 에이! 됐어요. 그만해요. 그는 주 정뱅이가 아니고 윌리암이예요.

33. 아저씨: (광동어) 무슨놈의 윌리암? 네 고모는 윌리암 홀든 한테 빠져서 정신이 나간 게야. 언젠가 밤에 헐리웃가에서 주정뱅이를 봤는 데… 너 알아는 듣는 게냐? 웬 주정뱅일 보고 윌리암 홀든 이라 고 하더만. 미쳤다니깐.

34. 여소군: (편지) 사랑하는 소정! 난 이미 일자리를 찾았어. 배달일인데, 하 나도 힘들지 않아. 매달 월급은 2000원이 넘고, 보너스도 있어. 괜찮지! 당 간부도 나만큼 많이 받지 않을걸. 난 매일 거리를 다 닐 기회가 많아. 그래서 침사쭈

了。 是干运输的。 一点都不累。
le. Shì gàn yùnshū de. Yīdiǎn dōu bú lèi.

每个月薪水有两千多， 还有勤工奖。
Měige yuè xīnshuǐ yǒu liǎng qiān duō, hái yǒu qíngōngjiǎng.

不赖吧？ 连党干部都没有我这么多。
Bú lài ba? lián dǎnggànbù dōu méiyǒu wǒ zhème duō.

我每天在街上跑的机会特别多。 所以
Wǒ měitiān zài jiē shàng pǎo de jīhuì tèbié duō. Suǒyǐ

尖沙咀这一带我就摸熟了。 这里是
Jiānshājǔ zhè yī dài wǒ jiù mō shú le. Zhèlǐ shì

九龙最热闹的地方。
Jiǔlóng zuì rènao de dìfang.

35. 黎小军： （唱）···我是一个兵来自老百姓打倒日
(Chàng) Wǒ shì yī ge bīng lái zì lǎobǎixìng dǎ dǎo Rì-

本鬼子。
běn guǐzi.

<街上－거리> 변경: <电动游乐场－전자오락실>

● 전자오락실에 간 소군, 오락을 즐기는 사람 뒤에서 혼자 기분만 낸다.

36. 男 ： （粤）神经病！
(Yuè) Shénjīngbìng!

● 점차 홍콩에서의 생활에 적응을 해나가는 소군, 곳곳을 누비고 다닌다.

<街上－거리>

37. 黎小军： （信）在香港必须学广东话。 但学了
(Xìn) Zài Xiānggǎng bìxū xué Guǎngdōnghuà. Dàn xuéle

以后， 在街上还是有很多话听不懂。
yǐhòu, zài jiē shàng háishì yǒu hěn duō huà tīng bù dǒng.

小婷！ 明天就是发工资日子。 我会买
Xiǎo Tíng! Míngtiān jiùshì fā gōngzī rìzi. Wǒ huì mǎi

件礼物送给你。 而且我还要去一个
jiàn lǐwù sònggěi nǐ. Érqiě wǒ hái yào qù yī gè

이 (尖沙咀) 일대는 이제 훤해. 여기는 구룡(九龍)에서 가장 번화한 곳이야.

九龙 (지명) 구룡, 홍콩은 구룡반도와 홍콩섬의 두 부분으로 이루어져 있다.
热闹 번화하다, 시끌벅적하다

35. 여소군: (노래) …나는야 병사, 백성중에서 뽑혀 왜놈들을 쳐부수네…

35. 鬼子 오랑캐, …놈들, (보통 누군가를 욕할 때 호칭의 끝에 鬼를 붙임)

36. 남 : 미친놈!

37. 여소군: (편지) 홍콩에서는 반드시 광동어를 배워야 해. 하지만 배워도 거리에서는 알아 듣지 못하는 말이 많아. 소정, 내일은 월급날이야. 선물 사 보내줄게. 그리고 난 무석 사람 누구도 가보지 못한 곳에도 가볼거야.

37. 发工资 임금을 지불하다, 급료를 주다
礼物 선물

无锡人都没去过的地方。
Wúxīrén dōu méi qù guò de dìfang.

<麦当劳－맥도날드>

● 소군이 말한 곳은 다름아닌 맥도날드이다. 하지만 처음으로 와 본 곳이라 줄을
서는 것조차도 서툴러 이리저리 헤맨다.

38. 李 翘: （粤）先生， 过来这边吧。 你想吃什
(Yuè) Xiānsheng, guò lái zhèbian ba. nǐ xiǎng chī shén-

么?
me?

39. 黎小军: （粤）我要个…汉堡包。
(Yuè) Wǒ yào ge … hànbǎobāo.

40. 李 翘: （粤）还有呢?
(Yuè) Hái yǒu ne?

41. 黎小军: （粤）可口…可口…可…
(Yuè) Kěkǒu … kěkǒu … kě …

42. 李 翘: （粤）乐!
(Yuè) Lè!

43. 黎小军: （粤）乐。
(Yuè) Lè.

44. 李 翘: （粤）这里吃还是拿走?
(Yuè) Zhèlǐ chī háishi ná zǒu?

45. 黎小军: 啊?
Á?

46. 李 翘: 在这里吃还是拿走呀?
Zài zhèlǐ chī háishi ná zǒu ya?

47. 黎小军: 这里吃。
Zhèlǐ chī.

48. 李 翘: 喔!
Wō!

49. 李 翘: （粤）谢谢。 五块六啊。
(Yuè) Xièxie. Wǔ kuài liù a.

38. 이 교: (광동어) 손님 이쪽으로 오세요.
   뭘 드시겠습니까?

39. 여소군: (광동어) … 햄버거… 주세요.

39. 汉堡包 햄버거

40. 이 교: (광동어) 그리구요?

41. 여소군: (광동어) 코카… 코카…콜…

41. 可口可乐 코카콜라

42. 이 교: (광동어) 라!

43. 여소군: (광동어) 라!

44. 이 교: (광동어) 여기서 드실건
   가요, 가져가실 건가요?

45. 여소군: 예?

46. 이 교: 여기서 드실건가요, 아니
   면 가져가실 건가요?

47. 여소군: 여기서 먹을거예요.

48. 이 교: 오!

49. 이 교: (광동어) 감사합니다. 5원
   60입니다.

50、黎小军： （粤）六…
          （Yuè）Liù…

51、李　翘： （粤）哎！　等等。　下一位！
          （Yuè）Āi!　Děngděng.　Xià yī wèi!

52、黎小军： 啊！　请问你…
          Ā!　Qǐng wèn nǐ…

● 소군은 직원 모집광고를 가리키며 문의하려 한다.

53、李　翘： （粤）经理，　有人想问你点事情。
          （Yuè）Jīnglǐ,　yǒu rén xiǎng wèn nǐ diǎn shìqing.

54、黎小军： 谢谢。
          Xièxie.

55、李　翘： （粤）先生，　要点什么？
          （Yuè）Xiānsheng,　yào diǎn shénme?

56、黎小军： 你好！
          Nǐ hǎo!

57、经　理： （粤）你有兴趣吗？　懂不懂讲广东
          （Yuè）Nǐ yǒu xìngqù ma?　Dǒng bù dǒng jiǎng Guǎngdōng-

          话？
          huà?

58、黎小军： （粤）一点点。　小小呀。
          （Yuè）Yīdiǎndiǎn.　Xiǎoxiǎo ya.

59、经　理： （粤）英文呢？
          （Yuè）Yīngwén ne?

60、黎小军： 这个嘛，　这个有问题。
          Zhège ma,　zhège yǒu wèntí.

61、经　理： （粤）这样吧，　你先写下名字和电话号
          （Yuè）Zhèyàng ba,　nǐ xiān xiě xià míngzì hé diànhuà hào-

          码。
          mǎ.

62、黎小军： 啊！　哎…
          Ā!　āi…

● 주소를 건네주려 하자 지배인은 이미 사라졌고, 혼자 앉아있던 소군은 청소를

50、여소군: 6···.

51、이 교: (광동어) 에이! 잠깐. 다음분!

52、여소군: 저···. 죄송하지만···

53、이 교: (광동어) 지배인님! 뭣 좀 물어
보시겠데요.

54、여소군: 감사합니다.

55、이 교: (광동어) 손님 뭘 원하세요?

56、여소군: 안녕하세요!

57、지배인: (광동어) 관심있어요? 광동어는
할 줄 알아요?

58、여소군: (광동어) ···약간··· 조금요.

59、지배인: (광동어) 영어는?

60、여소군: 그게··· 문제가 좀 있죠.

61、지배인: (광동어) 이럽시다. 일단 이름과
전화번호를 남겨두세요.

62、여소군: 아···

하고 있는 이교를 불러 도움을 요청한다.

63、黎小军： 这是我的电话， 还有我的名字。 我
Zhè shì wǒ de diànhuà, hái yǒu wǒ de míngzì. Wǒ

找 不 到 你们 经理。
zhǎo bú dào nǐmen jīnglǐ.

64、李 翘： 喔！
Wō!

65、黎小军： 拜托， 谢 你 啊。
Bàituō, Xiè nǐ a.

66、李 翘： （粤）你 刚刚 从 大陆 来 的？
(Yuè) Nǐ gānggāng cóng dàlù lái de?

67、黎小军： 对啊！ 你 怎么 知道？
Duì a! Nǐ zěnme zhīdào?

68、李 翘： （粤）听 你 的 广东话 就 知道 啦， 那么
(Yuè) Tīng nǐ de Guǎngdōnghuà jiù zhīdào la, nàme

差劲。 不 懂 讲 英文 呢， 好 麻烦 的。
chàjìn. Bù dǒng jiǎng Yīngwén ne, hǎo máfan de.

69、黎小军： 我 知道。 可是 没 办法。
Wǒ zhīdào. Kěshì méi bànfǎ.

70、李 翘： （粤）你 知 不 知道 呀？ 在 香港 呢， 有
(Yuè) Nǐ zhī bù zhīdào ya? zài Xiānggǎng ne, yǒu—

些 学校 啊… 明 不 明白？
xiē xuéxiào a … míng bù míngbai?

71、黎小军： 听 不 明白。
Tīng bù míng bai.

72、李 翘： 香港 呢， 有 的 学校， 专 教 内地人 讲 英
Xiānggǎng ne, yǒu de xuéxiào, zhuān jiào nèidìrén jiǎng Yīng—

文 的。
wén de.

73、黎小军： 啊！
Ā!

63、여소군: 이건 제 전화번호와 이름이예요.
지배인을 찾을 수가 없어요.

64、이 교: 오!

65、여소군: 부탁합니다. 고마워요.

66、이 교: (광동어) 당신 막 대륙에서 왔죠?

67、여소군: 맞아요! 어떻게 알았죠?

68、이 교: (광동어) 당신이 하는 광동어를
들으니 알겠네요. 형편없긴. 영어
를 할 줄 모르면 골치 아파요.

69、여소군: 알아요. 하지만 어쩔 수 없어요.

70、이 교: (광동어) 당신 알아요? 홍콩에
어떤 학교는… 알아듣겠어요?

71、여소군: 잘 모르겠어요.

72、이 교: 홍콩에 전문적으로 대륙인에게
영어를 가르치는 학교가 있어요.

73、여소군: 아!

63、找不到 찾을래야 찾을
수 없다. (찾아봤지
만 성공하지 못했다
는 의미)

65、拜託 부탁하다, 청탁
하다

66、剛剛 막, 방금, 딱
从 …로부터 = 打 =
自

68、差劲 덜 떨어지다, 못
하다
麻烦 골치아프다, 번
거롭다

72、专 전적으로, 전문적
으로
内地人 香港사람들이
말하는 내지인은 즉
대륙인을 말한다.
그들을 속칭 阿灿이
라고도 한다.

25

74、 李 翘：其实学英文一点都不难。
Qíshí xué Yīngwén yīdiǎn dōu bù nán.

75、 黎小军：你是不是大陆出来的？
Nǐ shì bú shì dàlù chū lái de?

76、 李 翘：（粤）当然不是啦。 一听我的广东话
(Yuè) Dāngrán bú shì la. Yī tīng wǒ de Guǎngdōnghuà

就知道。
jiù zhīdào.

77、 黎小军：可是刚才你的普通话也说得很好啊。
Kěshì gāngcái nǐ de Pǔtōnghuà yě shuō de hěn hǎo a.

78、 李 翘：会说普通话呢， 不一定是大陆人。
Huì shuō Pǔtōnghuà ne, bù yīdìng shì dàlùrén.

（粤）不会讲广东话的，就一定是大陆
(Yuè) Bú huì jiǎng Guǎngdōnghuà de, jiù yīdìng shì dàlù—

人。 想不想学英文呀？
rén. Xiǎng bù xiǎng xué Yīngwén ya?

79、 黎小军：欸！ 这个可以给我吗？
Ēi! Zhège kěyǐ gěi wǒ ma?

80、 李 翘：你要？
Nǐ yào?

81、 黎小军：对呀！ 很漂亮嘛。 可以后面给我家
Duì yā! Hěn piàoliang ma. Kěyǐ hòumian gěi wǒ jiā

里人写信啊。 无锡没有麦当劳的。
li rén xiě xìn a. Wúxī méiyǒu Màidāngláo de.

82、 李 翘：我拿张新的给你。
Wǒ ná zhāng xīn de gěi nǐ.

83、 黎小军：谢谢。
Xièxie.

84、 李 翘：我看啊， 你还是应该学点英文。
Wǒ kàn a, nǐ háishi yīnggāi xué diǎn Yīngwén.

85、 黎小军：学了英文可以在麦当劳上班呀？
Xuéle Yīngwén kěyǐ zài Màidāngláo shàng bān ya?

74. 이 교: 사실 영어 배우는 건 하나도 어렵지 않아요.

75. 여소군: 당신은 대륙에서 왔나요?

76. 이 교: (광동어) 당연히 아니죠. 내가 하는 광동어 들으면 알 수 있잖아요.

76. 一…就 …하자마자 바로

77. 여소군: 하지만 방금 보통화도 잘 하던데.

78. 이 교: 보통화를 할 줄 안다고 해서 꼭 대륙 사람은 아니지만… (광동어) 굉동이를 할 줄 모르면 틀림없이 대륙 사람이지. 영어 배우고 싶어요?

78. 不一定是 반드시 …인 것만은 아니다

79. 여소군: 이것 나 줄 수 있나요?

80. 이 교: 필요해요?

81. 여소군: 그럼요! 예쁘잖아요. 뒷면에다 가족들에게 보내는 편지를 쓸 수도 있고. 무석에는 맥도날드가 없거든요.

81. 漂亮 예쁘다, 아름답다

82. 이 교: 내가 새것 하나 가져다 줄께요.

83. 여소군: 고마워요.

84. 이 교: 내가 보기에, 당신은 영어 좀 배워야겠어요.

84. 我看 내가 보기에는, 내 생각에는

85. 여소군: 영어를 배우면 맥도날드에서 일할 수 있나요?

27

86、李　翘：学会英文，在什么地方工作都可以。
　　　　　Xué huì Yīngwén, zài shénme dìfang gōngzuò dōu kěyǐ.

87、黎小军：但是我觉得在麦当劳上班很幸福啊，
　　　　　Dànshì wǒ juéde zài Màidāngláo shàng bān hěn xìngfú a,

　　　　　你看！
　　　　　nǐ kàn!

88、李　翘：先别说那么多了。学好了英文再说。
　　　　　Xiān bié shuō nàme duō le. Xué hǎo le Yīngwén zài shuō.

　　　　　　＜英文补习班－영어 학원＞

● 영어학원에 소군을 소개시켜주기 위해 같이 간 이교, 사실은 소개비를 받아 챙기기 위해서이다.

89、黎小军：报名费要一百块，可是我只有五十块
　　　　　Bàomíngfèi yào yībǎi kuài, kěshì wǒ zhǐyǒu wǔshí kuài

　　　　　呀。
　　　　　ya.

90、李　翘：有没有提款卡呀？
　　　　　Yǒu méiyǒu tíkuǎnkǎ ya?

91、黎小军：嗯，是什么？
　　　　　ńg, shì shénme?

92、李　翘：这个，提款卡呀！你往那个电脑里一
　　　　　Zhège, tíkuǎnkǎ ya! Nǐ wǎng nàge diànnǎo lǐ yī

　　　　　放，那个钱就"噘"一声就飞出来了。
　　　　　fàng, nàge qián jiù "juē" yī shēng jiù fēi chū lái le.

93、黎小军："噘"一声！
　　　　　"Juē" yī shēng!

94、李　翘：有没有呀？
　　　　　Yǒu méiyǒu ya?

95、黎小军：真厉害呀！
　　　　　Zhēn lìhai ya!

96、李　翘：你真的没有呀？
　　　　　Nǐ zhēn de méiyǒu ya?

86. 이 교: 영어만 할 줄 알면 어디서라도
　　　　 일할 수 있죠.

87. 여소군: 하지만 난 맥도날드에서 일하는
　　　　 게 행복할 것 같은데, 봐요!

88. 이 교: 일단 딴소리 말고, 영어부터 배
　　　　 우고 나서 봅시다.

89. 여소군: 등록비는 100원인데 난 50원밖
　　　　 에 없는걸.

90. 이 교: 현금인출카드 없어요?

91. 여소군: 뭐하는 건데?

92. 이 교: 이것 말예요, 현금인출카드. 컴퓨터
　　　　 에 넣으면 돈이 '좍' 튀어나와요.

93. 여소군: '좍' 하고?

94. 이 교: 있어요?

95. 여소군: 대단하구나!

96. 이 교: 정말 없어요?

87. 上班 출근하다

88. 先 일단은, 우선

89. 报名 등록하다, 신청
　　 하다

90. 提款 돈을 인출하다
　　 提款卡 현금인출카드

92. 电脑 컴퓨터

95. 厉害 대단하다, 심하
　　 다

97、黎小军： 没有。
Méiyǒu.

98、李 翘： 快点申请一张吧。 可有用啦。 我跟
Kuài diǎn shēnqǐng yī zhāng ba. Kě yǒu yòng la. Wǒ gēn

他们说一声， 今天你先付五十块， 过
tāmen shuō yī shēng, jīntiān nǐ xiān fù wǔshí kuài, guò

几天来上课的时候， 再付那个…那
jǐ tiān lái shàng kè de shíhou, zài fù nàge … nà

个…五百块。 好不好？
gè … wǔbǎi kuài. Hǎo bù hǎo?

99、黎小军： 好， 谢谢。
Hǎo, xièxie.

100、外国人： How are you?

101、黎小军： How are you?

102、李 翘： （粤）又多一个了， 美女。
(Yuè) Yòu duō yī ge le, měinǚ.

103、服务员： （粤）知道了，广州妹。 又讨自己同
(Yuè) Zhīdào le, Guǎngzhōu mèi. Yòu tǎo zìjǐ tóng-

胞的便宜。
bāo de piányi.

104、李 翘： （粤）什么同胞呀？ 他是北方土包。
(Yuè) Shénme tóngbāo ya? Tā shì běifāng tǔbāo.

讲国语的。 （粤）嗯， 对了。
jiǎng guóyǔ de. (Yuè) Ēn, duì le.

105、李 翘： 好啦。 五百块不算贵。 还有书送
Hǎo la. Wǔbǎi kuai bù suàn guì. Hái yǒu shū sòng

呢， 嗯？
ne, ēn?

106、黎小军： 谢谢啊。 你认识她？
Xièxie a. Nǐ rènshi tā?

97、 여소군: 없어요.

98、 이 교: 빨리 한 장 신청해요. 참 유용할
거예요. 내가 저사람들한테 일단
50원을 내고 몇일 뒤에 와서 수
업할 때 그러니까…500원 내겠다
고 말해줄게요.

98、 有用 유용하다, 쓸모
있다
付 지불하다, 내다, 주
다

99、 여소군: 그래요. 고마워요.

100、 외국인: How are you?

101、 여소군: How are you?

102、 이 교: (광동어) 하나 늘었어. 예쁜아!

103、 직 원: (광동어) 알았어, 이 광주 아가씨
야. 또 자기 동포 등쳐먹는구나.

103、 讨…的便宜 누구를
등쳐먹다, 갖고 놀
다. 占…的便宜를
더 많이 사용한다.
조심할 것은 이 말
은 주로 남자가 여
자에게 기회를 틈타
서 웅큼한 짓을 한
다라는 의미도 된
다.

104、 이 교: (광동어) 무슨놈의 동포? 북방촌
놈인데. 국어 한다구. 음… 맞아.

105、 이 교: 됐어요. 500원은 비싼 것도 아
녜요. 책도 공짜로 주는 걸, 음?

105、 送 (공짜로) 주다,
전송하다, 보내다

106、 여소군: 고마워요. 당신 저사람 알아요?

31

107. 李 翘: 喔！ 我在这里作兼职。
Wō! Wǒ zài zhèlǐ zuò jiānzhí.

108. 黎小军: 兼职？ 哗！ B·B机呀！ B·B机！ 你
Jiānzhí? Huá! B·Bjī ya! B·Bjī! Nǐ

真行！ B·B机你也有。 真厉害！
zhēn xíng! B·Bjī nǐ yě yǒu. Zhēn lìhai!

109. 李 翘: 好啦！ 各忙各的。 啊？
Hǎo la! Gè máng gè de. Ā?

110. 黎小军: 好！
Hǎo!

111. 李 翘: 就这样。 再见。
Jiù zhèyàng. Zàijiàn.

112. 黎小军: 谢谢呀。
Xièxie ya.

● 막 수업이 끝나고 나가는 학생들의 잡담이 어우러지는 중에 교실에 있던 영어 교사 제레미가 소군에게 인사한다. 하지만 알아들을 리가 없는 소군은 어리둥절해 하고, 혼자 대답까지 하며 술을 마시는 제레미.

113. Jeremy: How are you? I'm fine thank you. I'm

fine.

<银行－은행>

● 현금 카드를 받아든 소군, 마냥 기쁘기만 하다.

114. 黎小军: Thank you.

<英文补习班－영어 학원>

● 소군의 학원생활이 시작되고 잡일을 하는 이교 또한 일하는 와중에서도 열심히 영어를 따라 익힌다.

107. 이 교: 아! 난 여기서 겸직해요.

108. 여소군: 겸직? 와! 삐삐다! 삐삐! 당신 끝내주네요. 삐삐도 다 있구. 정말 대단해!

109. 이 교: 됐어요! 이제 각자 볼일 봅시다.

110. 여소군: 예!

111. 이 교: 그럼 안녕.

112. 여소군: 고마워요.

113. 제레미: How are you? I'm fine thank you. I'm fine.

114. 여소군: Thank you.

107. 兼职 겸직하다

108. B·B机 삐삐, 무선 호출기 = 呼叫机 = 传呼机 = B.B机 = Call机
真行 아쭈, 제법, 대단해 (재주나 재간 따위를 칭찬할 때 사용)

109. 各忙各的 가기 가기 볼일을 보다

33

115. Jeremy: 我的名字叫Jeremy。　我的香港女朋
Wǒ de míngzì jiào Jermy.　　Wǒ de Xiānggǎng nǚpéng—

友叫我‘斋卤味’。
yóu jiào wǒ 'zhāi lǔ wèi'.

116. 黎小军: ‘斋卤味’。
'Zhāi lǔ wèi'.

117. 女同学: 怎么好像是脏话。
Zěnme hǎoxiàng shì zānghuà.

118. Jeremy: 啧啧！你是刚来的是不是？‘你卤
Zézé! Nǐ shì gāng lái de shì bu shì? 'Nǐ lǔ

味’才是脏话。对不对呀，大家？
wèi cái shì zānghuà. Duì bu duì yā, dàjiā?

119. 黎小军: ‘你卤味！’
'Nǐ lǔ wèi!'

120. 电视: Jump you son of bitch, jump.

121. Jeremy: Jump you son of bitch, jump.

122. 学生们: Jump you son of bitch, Jump.

123. 李翘: Jump! Son of bitch, Jump.

124. 电视: You go to hell.

125. Jeremy: You go to hell.

126. 学生们: You go to hell.

127. Jeremy: You go to hell.

128. 学生,李翘: You go to hell…

115. 제레미: 내 이름은 제레미입니다. 홍콩의
애인은 '斋卤味'라고 부르지요.

116. 여소군: '斋卤味'?

117. 여학생: 꼭 욕 같잖아.

118. 제레미: 쯧쯧! 넌 온지 얼마 안됐구나?
'你卤味'가 욕이지 그지, 여러분?

119. 여소군: "你卤味"!

120. T V: Jump you son of bitch, jump.

121. 제레미: Jump you son of bitch, jump.

122. 학생들: Jump you son of bitch, jump.

123. 이 교: Jump you son of bitch, jump.

124. T V: You go to hell.

125. 제레미: You go
to hell.

126. 학생들: You go
to hell.

127. 제레미: You go
to hell.

128. 학생,이교: You go to hell…

115. 斋卤味 영화 속에서
마치 욕 같다고 말
하는데, 이는 광동
어를 알고 광동어로
영화를 보아야만 알
수 있는데, 광동어로
발음이 마치 你老妈
처럼 들리기 때문에
한 이야기이다.

117. 好像 마치 …인 것
같다, 뒤에 一样 혹
은 似的을 붙여 사
용함이 보통이다.
= 彷佛…似的
脏话 욕, 더러운 말
= 骂话

● 수업을 마치고 교실을 청소하는 이교에게 인사하는 소군.

129. 李翘: 搞定了，拜拜！
Gǎo dìng le, bàibài!

130. 黎小军: 哈啰！
Hāluō!

131. 李翘: （粤）哈什么啰？放学了，走了。
(Yuè) Hā shénme luō? Fàng xué le, zǒu le.

132. 黎小军: 我是黎小军呀。
Wǒ shì Lí Xiǎojūn ya.

133. 李翘: 喔！对了，走呀。
Wō! Duì le, zǒu ya.

134. 黎小军: 你赶时间呀？
Nǐ gǎn shíjiān yā?

135. 李翘: 好赶，好赶。还不走，你快走啊。
Hǎo gǎn, hǎo gǎn. Hái bù zǒu, nǐ kuài zǒu a.

136. 黎小军: 啊！我有车呀。我送你好不好呀？
Ā! Wǒ yǒu chē ya. Wǒ sòng nǐ hǎo bù hǎo ya?

137. 李翘: 你有车？那么快走。走啊！
Nǐ yǒu chē? Nàme kuài zǒu. Zǒu a!

<街上－거리>

● 차로 데려다 준다는 말에 따라나선 이교. 알고보니 소군이 말한 차란 자전거이
다. 뒷자리에 이교를 태우고 거리를 달린다.

138. 李翘: 你知不知道？在香港啊，这叫单车
Nǐ zhī bù zhīdào? Zài Xiānggǎng a, zhè jiào dānchē

不叫车。
bú jiào chē.

139. 黎小军: 这种感觉就像在无锡一样。你可比
Zhè zhǒng gǎnjué jiù xiàng zài Wúxī yīyàng. Nǐ kě bǐ

我女朋友重啊。
wǒ nǚpéngyou zhòng a.

129. 이 교: 끝났어? 바이바이!

130. 여소군: 헬로!

131. 이 교: (광동어) 헬로는 무슨놈의 헬
로? 끝났으니 가요.

132. 여소군: 전 여소군인데요.

133. 이 교: 아! 그랬지, 갑시다.

134. 여소군: 바쁜가 봐요?

135. 이 교: 엄청 바빠요. 어서 안가요? 빨
리 가요.

136. 여소군: 아! 나 차 가지고 있는데, 내가
데려다 줄게요.

137. 이 교: 차가 있다고? 그럼 어서 가요,
갑시다.

138. 이 교: 알아요? 홍콩에서는 이걸 단차
(单车)라고 하지 차(车)라고 하
지 않아요.

139. 여소군: 이런 느낌은 마치 무석에서와
같은걸. 당신은 내 애인보다 무
겁네요.

어 휘 풀 이

129. 搞定了 처리하다, 끝
내다

131. 放学 방과하다, 수업
을 마치다 = 下课

134. 赶时间 바쁘다 시간
없다

138. 单车 자전거 = 自行
车 = 脚踏车

139. 像…一样 마치…인
것 같다

140. 李 翘： （唱）甜 蜜 蜜 你 笑 得 甜 蜜 蜜 ～
　　　　　　(Chàng)　Tiánmìmì　nǐ xiào de　tiánmìmì ～

<姑姑家－고모댁>

● 소군은 집에서 개란과 마주앉아 공부하며 고향에 편지를 쓴다.

141. 黎小军： You go to hell.

142. 芥 兰： （泰）你 写 家 书 吗 ？ 家 ？
　　　　　　(Tài)　Nǐ xiě　jiāshū　ma?　　Jiā?

143. 黎小军： 女 朋 友 。
　　　　　　Nǚ　péngyou.

144. 芥 兰： （泰）不 明 白 。
　　　　　　(Tài)　Bù　míngbai.

145. 黎小军： 啊 ！ 嗯 。
　　　　　　Ā!　　Ēn.

146. 芥 兰： （泰）喔 ， 很 漂 亮 。 爸 爸 ， 妈 妈 。
　　　　　　(Tài)　Wō,　hěn piàoliang.　Bàba,　　māma.

　　　　　　　Father, mother.

147. 姑 姑： 写 情 书 呢 ？ 学 好 了 英 文 ， 将 来 帮 我
　　　　　　Xiě qíngshū ne?　Xué hǎo le Yīngwén,　jiānglái bāng wǒ

　　　　　　写 封 信 给 威 廉 吧 。
　　　　　　xiě fēngxìn gěi Wēilián ba.

148. 黎小军： 啊 ！ Sure!
　　　　　　Ā!

149. 伯 伯： （粤）欸 ！ 威 什 么 廉 呀 ？
　　　　　　(Yuè)　Ēi!　Wēi shénme lián ya?

150. 姑 姑： 干 吗 ， 关 你 什 么 事 呀 ？ 哎 呀 ！
　　　　　　Gànmá,　guān nǐ shénme shì ya?　Āi yā!

151. 伯 伯： （粤）来 呀 ， 来 呀 。
　　　　　　(Yuè)　Lái ya,　lái ya.

<英文补习班－영어 학원>

140、 이 교: (노래) 甜蜜蜜, 笑得甜蜜蜜~
〈부록 참조〉

141、 여소군: You go to
hell.

142、 개 란: (태국어)
집에다 편
지 쓰 는 거
예요?

143、 여소군: 애인.

144、 개 란: (태국어) 모르겠어.

145、 여소군: 아! 응!

146、 개 란: (태국어) 아! 예쁘네. Father,
mother.

147、 고 모: 연애편지 쓰니? 영어 잘 배워서   147、情书 연애편지
나중에 윌리엄한테 편지나 좀
적어주렴.

148、 여소군: 아! Sure.

149、 아저씨: (광동어) 에이! 무
슨 놈의 윌리엄?

150、 고 모: 왜이래, 당신하고 무
슨 상관이예요?

151、 아저씨: 이리와, 어서!

● 계속 만나는 사이에 소군과 이교는 급속도로 친숙해진다.

152, 黎小军: 李翘！
Lǐ Qiào!

153, 李 翘: 嗯？
Ēn?

154, 黎小军: 他们为什么叫我表叔呀？
Tāmen wèi shénme jiào wǒ biǎoshū ya?

155, 李 翘: 不对呀， 应该叫阿灿呀。
Bù duì ya, yīnggāi jiào a Càn ya.

156, 黎小军: 那我宁愿叫我表叔。 起码亲切一
Nà wǒ níngyuàn jiào wǒ biǎoshū. Qǐmǎ qīnqiè yī-

点。
diǎn.

＜花店－꽃집＞

● 꽃집에서 일하는 이교는 꽃 배달을 소군에게 시킨다.

157, 李 翘: 表叔， 我赶时间啊。 记得别跟那些
Biǎoshū, wǒ gǎn shíjiān a. Jìde bié gēn nàxiē

鸡鸭放在一起。 快点儿走。
jī yā fàng zài yīqǐ. Kuài diǎnr zǒu.

158, 黎小军: 我也赶时间。
Wǒ yě gǎn shíjiān.

159, 李 翘: 那就对了。 走快点知道吗？ 小心
Nà jiù duì le. Zǒu kuài diǎn zhīdào ma? Xiǎoxīn

点儿。
diǎnr.

160, 黎小军: 啊？
Ā?

＜餐厅－식당＞

● 이교가 소군에게 저녁을 사며 대화를 나눈다.

152、 여소군: 이교!

153、 이 교: 응?

154、 여소군: 왜 다들 날보고 표숙(表叔)이라
고 부르지?

155、 이 교: 아닐텐데, 아찬(阿燦)이라고 부
를걸.

156、 여소군: 그럼 차라리 표숙(表叔)이 낫겠
다. 적어도 친철감이 있잖아.

157、 이 교: 표숙(表叔)! 바쁘단 말야. 닭이
니 오리니 같이 두면 안돼. 어
서 가!

158、 여소군: 나도 바쁜데.

159、 이 교: 그럼 잘됐네. 빨리 가 알겠지?
조심하고.

160、 여소군: 아?

156、 宁愿 차라리 …하고
싶다
起码 적어도, 최소한

157、 赶时间 → 131

161、李　翘： 啐！ 其实香港很多人都从大陆来的。
Cuì! 　Qíshí Xiānggǎng hěn duō rén dōu cóng dàlù lái de.

他们的爷爷都也是表叔。
Tāmen de yéye dōu yě shì biǎoshū.

162、黎小军： 真的很丰富。
Zhēn de hěn fēngfù.

163、李　翘： 你这么能吃应该挺能干的。　不如明
Nǐ zhème néng chī yīnggāi tǐng nénggàn de. 　Bùrú míng-

天多待两个小时啊。
tiān duō dāi liǎng ge xiǎoshí a.

<花店－꽃집>

● 갈수록 늘어나는 꽃 배달량에 소군이 곤란한 표정을 짓는다.

164、李　翘： 搞定。
Gǎo dìng.

165、黎小军： 哇！ 越来越多呀？
Wā! 　yuè lái yuè duō ya?

166、李　翘： 哎哟， 走吧。 我付你钱。 汽油钱。
Āiyō, 　zǒu ba. 　Wǒ fù nǐ qián. 　Qìyóu qián.

167、黎小军： 我的单车不用油。
Wǒ de dānchē bú yòng yóu.

<街上－거리>

168、黎小军： 你什么都懂， 以前上学一定成绩很
Nǐ shénme dōu dǒng, 　yǐqián shàng xué yīdìng chéngjì hěn

棒。
bàng.

169、李　翘： 你什么都不懂， 你到底会什么？
Nǐ shénme dū bù dǒng, 　Nǐ dàodǐ huì shénme?

170、黎小军： 我？ 我会打球。
Wǒ? 　Wǒ huì dǎ qiú.

<录影带出租店－비디오 테이프 대여점>

161、이 교: 사실 홍콩에는 대륙에서 온 사람들이 많아. 그 사람들의 아버지 할아버지 모두가 표숙(表叔)일거야.

162、여소군: 정말 풍성하네.

163、이 교: 너 이렇게 잘먹는 걸 보니 일도 잘하겠네. 차라리 내일 몇시간 더 하는 게 좋겠네.

164、이 교: 됐다.

165、여소군: 와! 갈 수록 많아지네!

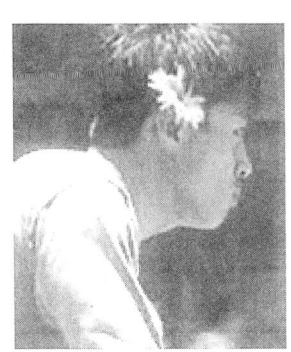

166、이 교: 어허, 가봐. 내가 돈 줄게. 기름값.

167、여소군: 내 자전거는 기름이 필요없어.

168、여소군: 넌 모르는 게 없으니 학교다닐 때 성적이 좋았겠네.

169、이 교: 넌 아무것도 모르는데 도대체 할 줄 아는 게 뭐야?

170、여소군: 나? 공치기 잘해.

어휘풀이

163、能吃 (조동사를 이용하여 형용사화한 표현) 잘 먹는다.
挺 매우, 아주 = 很
能干 능수능란하다, 일 잘한다
不如 차라리…하는 게 낫다. 보통 A不如B의 형식으로 'A보다 B가 낫다'라는 표현을 하거나 여기처럼 B만 가져와서 '차라리 B하는 게 낫겠다'로 쓰인다.
两个小时 중국사람들이 말하는 숫자 중에서 2는 절대로 믿어서는 안된다. 우리가 보통 말하는 '몇'이라는 표현에 两을 자주 사용하기 때문이다.

168、成绩 성적
棒 끝내준다, 멋있다.

170、打球 모든 구기 종목의 동사는 打를 사용한다. (축구 등을 제외하고) 여기서는 농구 잘한다는 의미다.

● 비디오 테이프 대여점에서 이교는 소군에게 야한 영화를 골라 빌려준다.

171、 李 翹: （粤）哪一部最好?
            (Yuè)　Nǎ　yī　bù　zuì　hǎo?

172、 售货员: （粤）这个，这个，还有这个。
            (Yuè)　Zhège,　zhège,　hái　yǒu　zhège.

173、 李 翹: 四部。 一个礼拜四部够了。 下个
            Sì　bù.　　Yī　gè　lǐbài　sì　bù　gòu　le.　　Xià　ge

         礼拜帮我送花，五部。 嗯?
         lǐbài　bāng　wǒ　sòng　huā,　wǔ　bù.　　Ēn?

<街上－거리>

174、 李 翹: 你怎么这么闲呀? 没朋友?
            Nǐ　zěnme　zhème　xián　ya?　Méi　péngyou?

175、 黎小军: 你不就是我朋友吗? 你也没有朋友
            Nǐ　bú　jiùshì　wǒ　péngyou　ma?　Nǐ　yě　méiyǒu　péngyou

         呀?
         ya?

176、 李 翹: 哼! 我朋友多的是。 只是没空应酬
            Hng!　Wǒ　péngyou　duō　de　shì.　　Zhǐshì　méi　kòng　yìngchou

         他们。 要赚钱。
         tāmen.　　Yào zhuàn qián.

● 현금 인출기 앞에서 잔액을 조회하는 이교. 많은 액수에 소군이 놀란다.

<提款机>

请按入私人密码， 后按输入键
qǐng àn rù sī rén mì mǎ,　hòu àn shūrùjiàn

账面结余为　　　$　12,639.91
zhàngmiàn jiéyú wéi

可用结余为　　　$　12,639.91
kě yòng jiéyú wéi

请选择
qǐng xuǎnzé

177、 李 翹: 看什么? 没见过有钱人? 喂! 走
            Kàn　shénme?　Méi　jiànguo　yǒu　qián　rén?　wèi!　zǒu

171. 이 교: (광동어) 어느 것이 제일 좋아
요?

172. 점 원: (광동어) 이것, 이것, 또 이것.

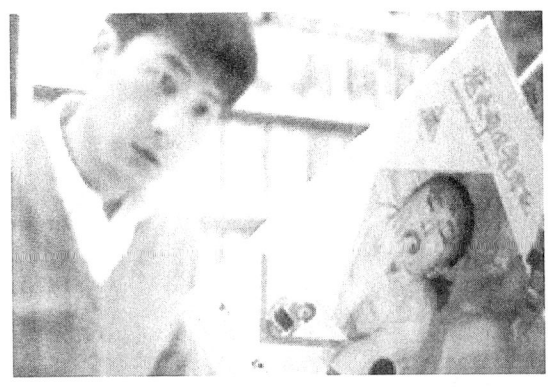

173. 이 교: 네 편이야. 한 주에 네 편이면
되겠지. 다음주에 꽃배달 해주
면 다섯 편이야. 응?

174. 이 교: 넌 왜이리 한가하니? 친구도 없
어?

175. 여소군: 네가 내 친구잖아. 너도 친구가
없어?

176. 이 교: 흥! 친구야 얼마든지 있지. 걔
들 상대할 시간이 없는거지. 돈
벌어야잖아.

177. 이 교: 뭘봐? 부자 처음보니? 야! 가자.

어휘풀이

173. 충분하다

176. 多的是 얼마든지 있
다 = 有的是
应酬 응대하다, 교제
하다, 접대하다

177. 没见过…? …처음
봐?

45

吧 。
ba.

178、黎小军： 你 怎 么 会 有 那 么 多 钱 呀 ？
Nǐ zěnme huì yǒu nàme duō qián ya?

179、李 翘： 快 走 吧 。
Kuài zǒu bā.

180、黎小军： 你 怎 么 会 有 那 么 多 钱 呀 ？
Nǐ zěnme huì yǒu nàme duō qián ya?

181、李 翘： 关 你 什 么 事 呀 ？ 你 怎 么 那 么 少 钱 呀 ？
Guān nǐ shénme shì ya? Nǐ zěnme nàme shǎo qián ya?

182、黎小军： 你 的 钱 真 的 很 多 哇 。
Nǐ de qián zhēn de hěn duō wā.

183、李 翘： 走 吧 。 放 机 灵 点 儿 。
Zǒu ba. Fàng jīlíng diǎnr.

184、黎小军： 欸 ！ 你 教 教 我 ， 好 不 好 ？
Ēi! Nǐ jiāojiao wǒ, hǎo bu hǎo?

185、李 翘： 哼 ！ 我 要 能 教 的 话 ， 你 就 发 达 啰 。
Hng! Wǒ yào néng jiāo de huà, Nǐ jiù fādá luo.

1987年 年宵夜

＜夜市场－야시장＞

● 야시장 한쪽에 점포를 차리고 등려군의 테이프를 팔기 시작하는 이교. 항상 그
러하듯 소군은 옆에서 돕는다.

186、黎小军： 哇 ！ 你 在 那 儿 换 那 么 多 零 钱 呀 ？
Wā! Nǐ zài nǎr huàn nàme duō língqián ya?

187、李 翘： 当 然 是 在 银 行 了 ， 笨 蛋 。 一 会 儿 吃
Dāngrán shì zài yínháng le, bèndàn. Yíhuìr chī

完 了 饭 就 会 很 多 人 来 这 儿 逛 了 。
wánle fàn jiù huì hěn duō rén lái zhèr guàng le.

188、黎小军： 真 了 不 起 啊 ！ 这 么 年 轻 就 创 业 。
Zhēn liǎobuqǐ a! Zhème niánqīng jiù chuàngyè.

189、李 翘： 其 实 你 也 有 份 啊 ， 虽 然 鸡 毛 蒜 皮 只 有
Qíshí nǐ yě yǒu fèn a, suīrán jī máo suàn pí zhǐyǒu

178、여소군: 너 왜 그리 돈이 많아?

179、이 교: 빨리 가.

180、여소군: 왜 그리 돈이 많냐니깐?

181、이 교: 너하고 무슨 상관이니? 넌 왜 그리 돈이 없냐?

182、여소군: 너 정말 돈 많구나.

183、이 교: 가자. 좀 똑똑하게 굴어봐.

184、여소군: 네가 좀 가르쳐 주라.

185、이 교: 내가 가르칠 수만 있다면 넌 피 는거야.

186、여소군: 와! 어디서 그렇게 잔돈을 많이 바꿨어?

187、이 교: 당연히 은행에서지, 바보야. 조 금있다 식사시간이 지나면 많은 사람이 여기로 구경 나올거야.

188、여소군: 정말 대단해! 이렇게 젊은 나이 에 사업을 시작하다니.

189、이 교: 네 몫도 있어. 비록 쥐꼬리 만 한 1000원의 주식이지만 작은 주주잖아.

어휘풀이

181、关你什么事? 너하고 무슨 상관이야?

183、放机灵点儿 영리하게 굴다, 똑똑하게 대 처한다.

185、发达 발달 ('잘나간 다', '피었다' 라는 표현을 할 때 发를 자주 사용한다.)

186、零钱 잔돈

187、笨蛋 바보, 멍청이 逛 돌아다니다, 산보 하다

188、了不起 훌륭하다, 대 단하다 创业 창업

189、鸡毛蒜皮 닭의 털과 마늘의 껍질, 즉 아주 사소하고 보 잘 것 없는 쓰잘데 없는 것 股份 주식 = 股票 股东 주주

一千元的股份。 也算是个小股东。
yìqiān yuán de 'gǔ fen. Yě suànshì gè xiǎo gǔdōng.

190、黎小军： 不过， 我姑姑说， 只有大陆人， 才
Bùguò, wǒ gūgu shuō, zhǐyǒu dàlùrén, cái

喜欢听邓丽君的。
xǐhuan tīng Dèng Lìjūn de.

191、李翘： 唉， 所以泥， 我个人借钱都一定要投
Āi, suǒ yǐ ne, wǒ gèrén jiè qián dū yīdìng yào tóu-

资这个铺位。 你知道在香港有多少
zī zhège pùwèi. Nǐ zhīdào zài Xiānggǎng yǒu duōshao

大陆人吗？ 报纸上说， 香港五分之
dàlùrén ma? Bàozhǐ shàng shuō, Xiānggǎng wǔ fēn zhī

一的人都是大陆人。 其实满街都是。
yī de rén dōu shì dàlùrén. Qíshí mǎn jiē dōu shì.

只是他们不说话， 你不知道。 那！
Zhǐshì tāmen bù shuō huà, Nǐ bù zhīdào. Nà!

你看呀。 我们两个人加起来已经有
Nǐ kàn ya. Wǒmen liǎng ge rén jiā qǐ lái yǐjing yǒu

一个。 二分之一了。
yī ge. Èr fēn zhī yī le.

192、黎小军： 嗯， 那倒是。
Ēn, nà dǎo shì.

193、李翘： 黎小军同志， 你静等着分钱啦。
Lí Xiǎojūn tóngzhì, nǐ jìng děngzhe fēn qián la.

194、黎小军： 好啦， 买呀。 好悦耳的邓丽君。
Hǎo la, mǎi ya. Hǎo yuè ěr de Dèng Lìjūn.

二十八块。 录像带， 四十块。
Èrshíbā kuài. Lùxiàngdài, sìshí kuài.

195、李翘： 水头充裕， 水为财。 水头充裕， 水
Shuǐ tóu chōng yù, shuǐ wéi cái. shuǐ tóu chōng yù, shuǐ

为财。
wéi cái.

196、黎小军： 听听邓丽君啊！
Tīngting Dèng Lìjūn a!

197、客人： 谭咏麟的有没有？
Tán Yǒnglín de yǒu méiyǒu?

190、여소군: 하지만, 고모가 그러는데 대륙사
람만 등려군 노래를 좋아한대.

191、이 교: 바로 그래서 내가 돈을 빌려서
라도 이 자리에 투자한 거야.
너 홍콩에 대륙사람이 얼마나
많은지 알아? 신문에서는 홍콩
사람의 20%가 대륙인이라는데,
사실은 온 거리가 다 대륙인이
야. 단지 그사람들이 말을 하지
않으니 네가 모르는 거지. 봐!
우리 두 사람만 합쳐比도 빌써
한 사람 있잖아. 2분의 1이라구.

192、여소군: 음, 그건 그래.

193、이 교: 여소군 동지, 입닫고 돈 나눌
준비나 해.

194、여소군: 자 사세요. 듣기좋은 등려군. 28
원. 비디오 테이프 40원.

195、이 교: 끝내줍니다.
끝내줘요.

196、여소군: 등려군 노
래 들어보
세요!

197、손 님: 알란 탐 건
없어요?

어휘풀이

191、铺位 점포자리
满街都是 온 거리에
가득 차 있다

192、那倒是 그도 그렇군,
그건 그래

194、录像带 비디오 테이
프. 이는 대륙에서
사용하는 어휘이고.
台湾이나 香港 등
지에서는 보통 录
影带를 사용한다.

195、水头充裕, 水为财 물
의 수위가 가득 차
있고 그 가득 찬
것은 가치가 있다.
여기서는 좋은 것
이니, 사둘 만한
가치가 있다고 광
고를 하며 사용한
것이다.

197、谭咏麟 (인명, 가수)
담영린, 알란탐, 阿
伦이란 이름으로 더
유명하다

198、李　翘：　没有。
　　　　　　　Méiyǒu.

199、客　人：　啊，　没有。　　走。
　　　　　　　Ā, 　méiyǒu. 　　Zǒu.

200、李　翘：　快来买呀，　邓丽君！
　　　　　　　Kuài lái mǎi yā, 　Dèng lìjūn!

201、黎小军：　现在二十五块。
　　　　　　　Xiànzài èrshíwǔ kuài.

202、李　翘：　有唱片呀！　好便宜的。　邓丽君！
　　　　　　　Yǒu chàngpiàn ya! 　Hǎo piányi de. 　Dèng lìjūn!

　　　　　　　人美歌甜。
　　　　　　　Rén měi gē tián.

203、黎小军：　大家过来看看。
　　　　　　　Dàjiā guò lái kànkàn.

　　　　　　　[插曲　"泪的小雨"]
　　　　　　　chāqǔ　"lèi de xiǎo yǔ"

204、李　翘：　邓丽君呀！　快来买呀。　来了买呀。
　　　　　　　Dèng lìjūn ya! 　Kuài lái mǎi ya. 　Láile mǎi ya.

　　　　　　　又便宜又好，　买呀。
　　　　　　　Yòu piányi yòu hǎo, 　mǎi ya.

● 비를 맞으며 따뜻한 维他奶 두 병을 사들고 온 소군. 테이프를 사는 손님이 없
자 이교는 막막하기만 하다.

205、黎小军：　热的。　　那边人特别多，来往游乐多。
　　　　　　　Rè de. 　　Nàbian rén tèbié duō, láiwǎng yóulè duō.

　　　　　　　排大队呢。　明年我们卖维他奶吧！
　　　　　　　Pái dàduì ne. 　Míngnián wǒmén mài Wéitānǎi ba!

206、李　翘：　去年在广州我跟表妹过年的时候摆
　　　　　　　Qùnián zài Guǎngzhōu wǒ gēn biǎomèi guònián de shíhou bǎi

　　　　　　　摊位。　我卖了，　卖了四千多盒录
　　　　　　　tānwèi. 　Wǒ màile, 　màile sì qiān duō hé lù-

　　　　　　　音带。
　　　　　　　yīndài.

207、黎小军：　姑姑说，　要是跟人家知道你喜欢邓
　　　　　　　Gūgu shuō, 　yàoshì gēn rénjiā zhīdào nǐ xǐhuan Dèng

198. 이 교: 없는데요.

199. 손 님: 아, 없대. 가자.

200. 이 교: 어서 사러 오세요. 등려군이예
　　　　요!

201. 여소군: 지금 25원에 팝니다.

202. 이 교: 레코드 있어요! 쌉니다. 등려
　　　　군! 인물 예쁘고 노래 좋고!

203. 여소군: 다들 와서 보세요.

204. 이 교: 등려군! 어서 사러 오세요. 사
　　　　러 와요, 싸고 좋습니다. 사세
　　　　요.

205. 여소군: 뜨거운 거야. 저쪽은 사람이 특
　　　　히 많이 줄섰더군. 내년에는 우
　　　　리 웨이타나이 (维他奶) 를 팔자.

206. 이 교: 작년에 광주에서 사촌동생이랑
　　　　설에 노점상 차려서 4000개가
　　　　넘게 카세트 테이프를 팔았어.

207. 여소군: 고모가 그러는데 만약 사람들이
　　　　네가 등려군을 좋아하는 걸 알
　　　　면 다들 네가 대륙인이란 걸 알
　　　　게 된대. 그래서 좋아도 사러오

202. 唱片 레코드 판

205. 排大队 줄을 길게
　　서다, 장사진을 이
　　루다
　　维他奶 香港에서 가
　　장 널리 마시는 음
　　료의 명칭

206. 摆摊位 길거리에 자
　　리를 펼쳐두고 장
　　사하다.
　　盒 (양사) 갑

丽君。 全世界都知道你是大陆人。
Lìjūn. Quán shìjiè dōu zhīdào nǐ shì dàlùrén.

所以那些人就算喜欢都不来买。 唉,
Suǒyǐ nàxiē rén jiùsuàn xǐhuan dū bù lái mǎi. Āi,

你说你在广州?
nǐ shuō nǐ zài Guǎngzhōu?

208、李 翘: 我去年在, 去去年也在, 今年不在
Wǒ qùnián zài, qù qùnián yě zài, jīnnián bù zài

了。 我从广州来的。
le. Wǒ cóng Guǎngzhōu lái de.

209、黎小军: 哈…其实我也猜到一点呢。 我们是
Hā … qíshí wǒ yě cāi dào yīdiǎn ne. Wǒmen shì

同志吧。
tóngzhì ba.

210、李 翘: 同你的头呀。 我们说的是广东话,
Tóng nǐ de tóu ya. Wǒmen shuō de shì Guǎngdōnghuà,

看的是香港的录像, 喝的是维他奶。
kàn de shì Xiānggǎng de lùxiàng, hē de shì Wéitānǎi.

我们离香港那么近。
Wǒmen lí Xiānggǎng nàme jìn.

211、黎小军: 是。 你的仪态呀, 打扮呀, 行为举
Shì. Nǐ de yítài ya, dǎban ya, xíngwéi jǔ-

止, 再加上你长得都像是香港人。
zhǐ, zài jiā shàng nǐ zhǎng de dōu xiàng shì Xiānggǎngrén.

212、李 翘: 占我便宜呀?
Zhàn wǒ piányi ya?

213、黎小军: 你占我的更多。
Nǐ zhàn wǒ de gèng duō.

214、李 翘: 你明知道还让我占。
Nǐ míng zhīdào hái ràng wǒ zhàn.

215、黎小军: 担心要是不让你占便宜, 你就不来
Dānxīn yàoshi bú ràng nǐ zhàn piányi, nǐ jiù bù lái

找我。 那么我连香港唯一的朋友
zhǎo wǒ. Nàme wǒ lián Xiānggǎng wéiyī de péngyou

都没了。
dōu méi le.

지 않는 거야. 응? 작년에 광주
에 있었다구?

208、 이 교: 작년에 있었지. 재작년에도 있
었구. 올해는 아니구. 난 광주에
서 왔어.

209、 여소군: 하하! …사실은 나도 대강은
눈치채고 있었어. 우린 동지네.

210、 이 교: 무슨 얼어죽을 놈의 동지. 우린
깡통이를 사용하고 홍콩 비디오
를 보며 웨이타나이 (维他妈) 마
셔. 우린 홍콩과도 가깝단 말야.

211、 여소군: 그래. 넌 모습이나, 치장, 행동거
지 게다가 생긴 것도 홍콩사람
같아.

212、 이 교: 나 갖고 노는
거니?

213、 여소군: 내가 더 많이
당했지.

214、 이 교: 알면서도 당하니?

215、 여소군: 내가 당해주지 않으면 네가 날
찾지 않을까봐 걱정됐어. 그렇
게 되면 난 홍콩의 유일한 친구
마저 없어지잖아.

어 휘 풀 이

209、 猜 알아맞히다

210、 …你的头 (상대방이
한 말끝을 받아서)
뭐놈의…

211、 仪态 몸가짐, 태도.
打扮 분장하다, 치장
하다
行为举止 행동거지

212、 占…便宜 → 103

215、 担心 → 13

53

216、李 翘：其实我在香港也没几个朋友。
Qíshí wǒ zài Xiānggǎng yě méi jǐ ge péngyou.

<黎小军的房间－여소군의 방>

● 장사를 마치고 이교는 소군의 집에서 함께 혼돈을 먹으며 제야를 보낸다.

217、黎小军：去年新年我在小婷那儿赖着不走。
Qùnián xīnnián wǒ zài Xiǎotíng nàr làizhe bù zǒu.

到了夜，大家肚子都饿了，一起包馄
Dàole yè, dàjiā dùzi dōu è le, yīqǐ bāo hún-

饨吃。 那馄饨可好吃啊。 你知道
tún chī. Nà húntún kě hǎo chī a. Nǐ zhīdào

吗？ 无锡的人最爱吃馄饨啊。
ma? Wúxī de rén zuì ài chī húntún a.

218、李 翘：我吃不下了。 我饱了。 你这里挺
Wǒ chī bù xià le. Wǒ bǎo le. Nǐ zhèlǐ tǐng

别致的。 是不是很吵？
biézhì de. Shì bu shì hěn chǎo?

219、黎小军：嗯…有一点。
Ēn … yǒu yīdiǎn.

220、李 翘：先把碗洗了。
Xiān bǎ wǎn xǐ le.

221、黎小军：嗯！
Ēn!

222、李 翘：外面的雨好像停了。 给我点儿水。
Wàimian de yǔ hǎoxiàng tíng le. Gěi wǒ diǎnr shuǐ.

223、黎小军：你手好凉啊。
Nǐ shǒu hǎo liáng a.

224、李 翘：是吗？ 我看我该走了。
Shì ma? Wǒ kàn wǒ gāi zǒu le.

225、黎小军：我帮你拿件衣服去。
Wǒ bāng nǐ ná jiàn yīfu qù.

● 이교에게 외투를 입혀주던 소군이 실수로 이교의 눈 언저리를 찌른다.

226、黎小军：啊！ 对不起。 对不起！ 没事吧？
Ā! Duì bu qǐ. Duì bu qǐ! Méi shì ba?

216. 이 교: 사실 나도 홍콩엔 친구가 몇 없어.

217. 여소군: 작년 설에 난 소정이한테서 빈대 붙었지. 밤이 되자 다들 배가 고파져서 같이 혼돈을 해 먹었어. 참 맛있었는데. 무석 사람들은 혼돈을 제일 좋아하는데, 너 아니?

218. 이 교: 더 못 먹겠어. 배 불러. 여긴 참 운치가 있다. 시끄럽진 않니?

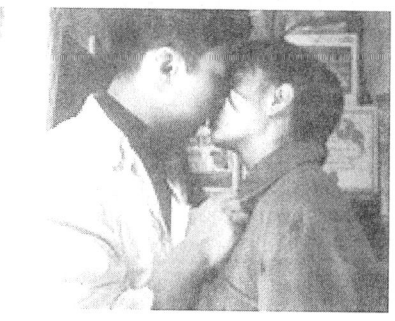

219. 여소군: 음…조금.

220. 이 교: 일단 그릇부터 씻자.

221. 여소군: 응!

222. 이 교: 밖에 비가 그친 것 같아. 물 좀 줘.

223. 여소군: 손이 너무 차가워.

224. 이 교: 그래? 난 가야할까봐.

225. 여소군: 내가 옷 한 벌 갖다줄게.

226. 여소군: 아! 미안! 미안해! 괜찮니?

55

227. 李 翘：　嗯！
Ēn!

228. 黎小军：　我 帮 你 吧。
Wǒ bāng nǐ ba.

229. 李 翘：　不 用 了。　够 了。
Bù yòng le.　Gòu le.

230. 黎小军：　外 面 冷 嘛。　穿 上 吧。
Wàimian lěng ma.　Chuān shàng ba.

231. 李 翘：　好 难 看 呀。
Hǎo nánkàn ya.

● 좁은 공간에서 이교가 옷을 입는 것을 도와주는 소군. 누가 먼저랄 것도 없이
가벼운 입맞춤을 나누다 이내 격렬한 몸짓으로 변하며 두 사람은 침대로 쓰러
진다.

＜电话亭－전화부스＞

● 이튿날 아침, 잠옷 바람에 허름한 외투를 걸친 소군은 고모의 개 럭키를 데리
고 근처 공중전화 부스에서 소정에게 전화한다.

232. 接线员：　喂！　香港长途，　方小婷小姐在不在？
Wèi!　Xiānggǎng chángtú,　Fāng Xiǎotíng xiǎojie zài bu zài?

233. 方小婷：　在 在 在。
Zài zài zài.

234. 黎小军：　小 婷 啊！
Xiǎotíng a!

235. 方小婷：　小 军，　等 你 好 久 了。　团 年 饭 吃 了 没
Xiǎojūn,　děng nǐ hǎo jiǔ le.　Tuánniánfàn chīle méi-

有 呀？　昨 天 晚 上 吃 汤 圆 的 时 候 我 老
yǒu ya?　Zuótiān wǎnshang chī tāngyuán de shíhou wǒ lǎo

惦 着 你。
diàn- zhe nǐ.

236. 黎小军：　喔…
Wō…

56

227、이 교: 응!

228、여소군: 내가 도와줄게.

229、이 교: 됐어. 충분해.

230、여소군: 밖은 춥잖아. 입어.

231、이 교: 보기 싫은데.

어휘풀이

231、难看 보기 흉하다

232、教화원: 여보세요! 홍콩 장거린데요, 방
소정씨 계세요?

232、长途 장거리

233、방소정: 예예예.

234、여소군: 소정!

235、방소정: 소군! 얼마나 기다렸다구. 떡국
은 먹었어? 어젯밤에 떡국 먹을
때 너 생각만 했어.

235、团年饭 명절에 온가
족이 함께 모여 하
는 식사 = 团圆饭
汤圆 (요리명) 둥글
게 말아만든 고기
덩이나 밀가루 반
죽 따위를 넣어 만
든 요리로 여름에
는 차게도 먹는다.
주로 명절에 먹는
데 우리나라 사람
이 설에 떡국을 먹
듯이 중국에서도 설
날 음식이다.
惦 그리워하다

236、여소군: 어….

237、方小婷: 干吗吞吞吐吐的。
Gànmá tūntūn tǔtǔ de.

238、黎小军: 我，我…电话线有点不对劲。 我听
Wǒ, wǒ… diànhuàxiàn yǒu diǎn bù duìjìn. Wǒ tīng

不清楚。
bù qīngchu.

239、方小婷: 你寄的东西我都收到了。
Nǐ jì de dōngxi wǒ dōu shōu dào le.

240、黎小军: 你打的毛衣，我有穿上了。
Nǐ dǎ de máoyī, wǒ yǒu chuān shàng le.

241、方小婷: 是吗？ 可惜我看不见。
Shì ma? Kěxī wǒ kàn bù jiàn.

242、黎小军: 小婷！
Xiǎotíng!

243、方小婷: 什么事呀？
Shénme shì ya?

244、黎小军: 我爱你！
Wǒ ài nǐ!

245、方小婷: 干吗， 这么肉麻话？
Gànmá, Zhème ròumá huà?

246、黎小军: 新年， 得再说一遍。
Xīnnián, děi zài shuō yī biàn.

〈麦当劳－맥도날드〉

● 맥도날드를 찾은 소군, 이교를 대하기가 어색하기만 하다.

247、李 翘: Hi!

248、黎小军: Hi!

249、李 翘: 新产品， 猪柳汉堡包， 买两个送一
Xīn chǎnpǐn, zhūliǔ hànbǎobāo, mǎi liǎng ge sòng yī

个小熊。 我私人送你半打， 寄给
ge xiǎo xióng. Wǒ sīrén sòng nǐ bàn dǎ, Jì gěi

58

237、방소정: 왜 더듬거려?

238、여소군: 나… 나… 전화선이 이상한가
봐. 잘 안들려.

239、방소정: 네가 보내준 것 받았어.

240、여소군: 네가 짠 쉐타 입고 있어.

241、방소정: 그래? 안타깝게 난 볼 수가 없
네.

242、여소군: 소정!

243、방소정: 왜?

244、여소군: 사랑해.

245、방소정: 징그럽게 왜 그래?

246、여소군: 새해잖아. 다시 한번 말해야해.

247、이 교: Hi!

248、여소군: Hi!

249、이 교: 새 상품이야. 돼지고기 햄버거인
데 두 개 사면 곰인형 하나 줘.
내가 서비스로 반 타스 줄게.
가족들에게 부쳐줘. 친구잖아!

어휘풀이

237、干吗? 为什么?와 같
은 뜻이지만 문장
의 어순에 상관없
이 어디서나 사용
이 가능하다.
吞吞吐吐 우물쭈물하
다, 더듬다

238、不对劲 뭔가 좀 이상
하다, 예상밖이다

239、寄 (우편물을) 부치
다

240、打 (옷 따위를) 짜
다

241、可惜 안타깝게, 애석
하게

245、肉麻 (하는 짓거리
따위가) 징그럽다,
살 떨린다, 낯 간
지럽다

249、送 (주로 공짜로) 주
다, 전송하다, 배달
하다
私人送 서비스로 주
다
半打 반타스

59

家里人吧。　Friend!
jiā li rén ba.

● 소군 이교에게 돈 봉투를 내민다.

250、李　翘：干吗？
Gànmá?

251、黎小军：啊，你欠人家的钱，我看应该还一
Ā, nǐ qiàn rénjiā de qián, wǒ kàn yīnggāi huán yī

部分。
bù fēn.

252、李　翘：拜托你快收起来吧。
Bàituō nǐ kuài shōu qǐ lái ba.

253、黎小军：我要负责任的吗？
Wǒ yào fù zérèn de ma?

254、李　翘：负什么责任呀？
Fù shénme zérèn ya?

255、黎小军：你欠人家钱，被人追债，把你的照
Nǐ qiàn rénjiā qián, bèi rén zhuī zhài, bǎ nǐ de zhào—

片贴得满街都是，多难看啊！
piàn tiē de mǎn jiē dōu shì, duō nánkàn a!

256、李　翘：你少替我担心啦。我今天找一个买
Nǐ shǎo tì wǒ dānxīn la. Wǒ jīntiān zhǎo yī ge mǎi—

家。　八块钱一盒，他把货全包下
jiā. Bā kuài qián yī hé, tā bǎ huò quán bāo xià

来了。
lái le.

257、黎小军：八块钱一盒，亏不亏本？
Bā kuài qián yī hé, kuī bu kuī běn?

258、李　翘：当然亏啦。
Dāngrán kuī la.

259、黎小军：那你也敢？
Nà nǐ yě gǎn?

250、이 교: 뭐하는 거야?

251、여소군: 아, 네가 빚졌잖아. 조금이라도 갚아야지.

252、이 교: 제발 좀! 빨리 넣어.

253、여소군: 나도 책임져야지!

254、이 교: 무슨 책임을 져?

255、여소군: 네가 빚쟁이들한테 쫓겨서 온 거리에 사진이 내다 붙으면 골치아프잖아!

256、이 교: 내 걱정일랑 작작해. 오늘 구매자를 찾았어. 그사람이 한 개 8원에 몽땅 샀어.

257、여소군: 하나에 8원이면 손해 아냐?

258、이 교: 당연히 손해지.

259、여소군: 그런데도 팔아?

251、欠 빚지다

253、负责任 책임지다

255、追债 빚 독촉받다
贴 붙이다
满街都是 → 191

256、少 (동사 앞에 少가 오면 명령문이다.)
‘…좀 작작해라’.↔
多+동사 ‘…좀 많이 해라’.
替 대신해서
包 통채로 전세내다, 독점 소유하다

257、等本 본전에도 못미치고 손해보다

260、李 翘： 你说怎么办？ 亏一点总比血本无归
Nǐ shuō zěn me bàn? Kuī yīdiǎn zǒng bǐ xuè běn wú guī

好。 做生意就是这样啦， 不是亏
hǎo. zuò shēngyì jiùshì zhèyàng la, bù shì kuī

就是赚。 下次啊， 我看准机会才
jiùshì zhuàn. Xià cì a, wǒ kàn zhǔn jīhuì cái

出击。
chūjī.

261、黎小军： 喂！
Wèi!

262、李 翘： 嗯？
ńg?

263、黎小军： 昨天晚上…
Zuótiān wǎnshang …

264、李 翘： 在这儿说昨天晚上的事干什么？
Zài zhèr shuō zuótiān wǎnshang de shì gàn shénme?

265、黎小军： 我不知道你怎么想的嘛？
Wǒ bù zhīdào nǐ zěnme xiǎng de ma?

266、李 翘： 昨天晚上， 大风大雨。 两个孤独的
Zuótiān wǎnshang, dà fēng dà yǔ. Liǎng ge gūdú de

人糊里糊涂地吃了一顿团年饭而已。
rén húli hútu de chīle yī dùn tuánniánfàn éryǐ.

回家打电话了吗？
Huí jiā dǎ diànhuà le ma?

267、黎小军： 打了。
Dǎ le.

268、李 翘： 早点回去睡吧。 明天还要上班呢？
Zǎo diǎn huí qù shuì ba. Míngtiān hái yào shàng bān ne?

269、黎小军： 喔！
Wō!

270、黎小军： 李翘！ 新年进步。
Lǐ Qiáo! Xīnnián jìnbù.

62

260. 이 교: 그럼 방법이 있어? 조금 손해 보는 게 본전 다 날리는 것보다야 낫지. 사업이란 이런 거야. 손해 아니면 버는 거지. 다음번엔 기회를 정확히 잘 잡아서 나서야지.

261. 여소군: 이봐!

262. 이 교: 응?

263. 여소군: 어젯밤…

264. 이 교: 여기서 어젯밤 이야기는 뭐하러 해?

265. 여소군: 네가 어떻게 생각할지 몰라서…

266. 이 교: 어젯밤엔, 비바람이 세차게 불었고, 고독한 두 사람이 정신없이 团年饭 한끼 먹었을 뿐이야. 집에 전화는 했어?

267. 여소군: 했어.

268. 이 교: 일찍 가서 자. 내일 또 출근해야잖아?

269. 여소군: 응!

270. 여소군: 이교! 새해는 발전하기를!

어휘풀이

260. 血本无归 피땀 흘려 힘들게 벌어서 본전도 찾지 못한다.
不是…就是… …가 아니면 …이다

266. 大风大雨 비바람이 크게 치다
糊里糊涂 어리둥절하다
顿 (양사) 번, 차례, 끼니

63

271、李 翘：**恭喜发财。**
Gōngxǐ fā cái.

272、黎小军：**一帆风顺。**
Yī fān fēng shùn.

273、李 翘：**身体健康。**
Shēntǐ jiànkāng.

274、黎小军：**事事如意。**
Shìshì rú yì.

275、李 翘：**龙马精神。**
Lóngmǎ jīngshén.

276、黎小军：**如意吉祥。**
Rúyì jíxiáng.

277、李 翘：**大吉大利。**
Dà jí dà lì.

278、黎小军：**万事顺意。**
Wàn shì shùn yì.

279、李 翘：**友谊万岁。**
Yǒuyì wànsuì.

<宾馆－여관>

● 여관으로 들어서던 소군과 이교. 막 여관을 나오는 제레미와 개란을 만난다.

280、Jeremy：**Let's⋯ Hi! 嗯?**
ńg?

281、李 翘：**唉! 刚那个是谁啊?**
Āi! Gāng nàge shì shéi a?

282、黎小军：**Jeremy Sir. 你也认识呀!**
Nǐ yě rènshi ya!

283、李 翘：**哎，我说那个女的。**
Āi, wǒ shuō nàge nǚ de.

284、黎小军：**哦。 芥兰! 是我同屋。 欸! 她是**
Ó. Jièlán! shì wǒ tóngwū. Āi! Tā shì

鸡。
jī.

271. 이 교: 돈 많이 벌어.

272. 여소군: 순풍에 돛단 듯 잘 풀리길!

273. 이 교: 건강해야 돼.

274. 여소군: 일마다 잘 풀리기를.

275. 이 교: 원대한 포부를 품어.

276. 여소군: 복이 따르기를!

277. 이 교: 만사 대길해!

278. 여소군: 만사 순조롭기를!

279. 이 교: 우정 만세!

280. 제레미: 자… Hi! 응?

281. 이 교: 야! 방금 누구니?

282. 여소군: 제레미씨. 너도 알잖아?

283. 이 교: 아니, 그 여자 말
이야.

284. 여소군: 아! 개란. 나랑
한집에 살아. 야!
그애 닭(창녀)이
야.

어휘풀이

271. 恭喜发财 중국인들 사
이에 가장 널리 사
용되는 새해 인사
말. 우리나라의 '복
많이 받으세요'와
가장 근사한 형태이
지만 그네들은 돈이
더 좋은가 보다. 횡
재하세요 쯤의 기분
으로 들린다. 喜자
는 吉함을 나타내느
라 禧라고 쓰기도
힌다.

272. 一帆风顺 돛이 순풍
을 만난 듯 잘 나
가다

275. 龙马精神 龙马같은 정
신으로 비범하고 활
기차게 살다

284. 同屋 하우스 메이트,
한 집에 사는 사람
鸡 닭, (속칭으로)창
녀

65

285、李 翘： 怎么 这么 说 呢？
Zěn me zhème shuō ne?

286、黎小军： 我 姑姑 这么 告诉 我 的。
Wǒ gūgu zhème gàosu wǒ de.

287、黎小军： （信）亲爱 的 小婷！ 我…我 最近 很…
(Xìn) Qīn'ài de Xiǎotíng Wǒ… wǒ zuìjìn hěn…

亲爱 的 小婷！ 我…哎！
Qīn'ài de Xiǎotíng! Wǒ… āi!

<便利商店－편의점>

● 두 사람의 관계는 익숙해진 듯, 편의점에서 제레미, 개란과 함께 피임 기구를
들고 아무렇지도 않은 듯 대화들을 나눈다.

288、黎小军： 欸！ Jeremy, Sir 和 芥兰 谈恋爱 啊！
Ēi! hé Jiè lán tán liànài a!

289、李 翘： 你 怎么 知道 的？
Nǐ zěnme zhīdào de?

290、黎小军： 他们 常常 去 公寓 啊！
Tāmen chángcháng qù gōngyù a!

291、李 翘： 常 去 公寓 就是 谈恋爱 呀？ 就算 是 谈
Cháng qù gōngyù jiùshì tán liànài ya? jiùsuàn shì tán

恋爱， 关 你 什么 事 呀？
liàn'ài, guān nǐ shénme shì ya?

292、黎小军： 可是 芥兰 是 鸡 呀！
Kěshì Jièlán shì jī ya!

293、李 翘： 你 还是 鸡佬 呢。
Nǐ háishi jī lǎo ne.

<宾馆>

● 여관방에서 내의만 걸친 채 거울을 보며 두 사람은 담소한다.

294、黎小军： （信）亲爱 的 小婷！ 我…
(Xìn) Qīn'ài de Xiǎotíng! Wǒ…

285、이 교: 무슨 말을 그렇게 하니?

286、여소군: 고모가 그러던 걸.

287、여소군: (편지) 사랑하는 소정! 난…최근에 매우… 사랑하는 소정! 난 … 에이!

288、여소군: 이봐, Jeremy씨와 개란이 연애해!

288、谈恋爱 연애하다

289、이 교: 네가 어떻게 알아?

290、여소군: 자주 여관에 가잖아!

290、公寓 아파트, 러브호텔

291、이 교: 여관에 자주 간다고 연애하는 건가? 연애한들 네가 무슨 상관이야?

292、여소군: 하지만 개란은 닭(창녀)이란 말야!

293、鸡 佬자가 붙으면 한국어의 …쟁이 정도의 분위기를 낸다. 여소군이 닭잡고 팔고 하니 붙인 말이다.

293、이 교: 그러는 자기는 닭쟁이면서.

294、여소군: (편지) 사랑하는 소정! 난 …

67

295、黎小军： 怎么你每个乳罩都那么硬呀？
Zěnme nǐ měige rǔzhào dōu nàme yìng ya?

296、李　翘： 因为我大嘛。 为什么你老拿游泳裤
Yīnwéi wǒ dà má. Wèi shénme nǐ lǎo ná yóuyǒngkù

当内裤穿呀？
dāng nèikùchuān ya?

297、黎小军： （信）亲爱的小婷！ 我…亲爱的小婷！
(Xìn) Qīn'ài de Xiǎotíng! Wǒ… Qīn'ài de Xiǎotíng!

我…哎！ 亲爱的小婷， 我对不起你。
Wǒ… āi! Qīn'ài de Xiǎotíng, Wǒ duì bu qǐ nǐ.

哎呀！ 什么…亲爱的小婷， 我最近
Āiyā! Shénme… qīn'ài de Xiǎotíng, Wǒ zuìjìn

特别忙。 没怎么给你写信。 你不
tèbié máng. Méi zěnme gěi nǐ xiě xìn. Nǐ bù

要生气呀。 我上的英文课已经到
yào shēngqì ya. Wǒ shàng de Yīngwénkè yǐjing dào

高级班了。 送货的工作。 又加了
gāojíbān le. Sònghuò de gōngzuò. Yòu jiāle

工资。 一切都很好。 喔！ 差点忘
gōngzī. Yīqiè dōu hěn hǎo. Wō! Chà diǎn wàng–

了告诉你。 我最近认识了一个人。
le gàosu nǐ. Wǒ zuìjìn rènshile yī ge rén.

他是可以让我当厨师。 厨师可以赚
Tā shì kěyǐ ràng wǒ dāng chúshī. Chúshī kěyǐ zhuàn

大钱的。 在香港最普通的一个月
dàqián de. Zài Xiānggǎng zuì pǔtōng de yī ge yuè

也能赚一万多。 小婷啊！ 我想， 我
yě néng zhuàn yīwàn duō. Xiǎotíng a! Wǒ xiǎng, wǒ

是交相了好运啊！
shì jiāoxiāngle hǎo yùn a!

● 소군은 현금 인출기 앞에서 비밀번호를 기억하지 못해 쩔쩔맨다.

<提款机>

295. 여소군: 왜 너 브래지어가 다 그렇게 따 딱해?

296. 이 교: 크니까. 그러는 넌 왜 항상 수 영복을 팬티대신 입어?

297. 여소군: (편지) 사랑하는 소정! 난…사 랑하는 소정! 내가…. 에이! 아 이! 뭐야…사랑하는 소정! 난 요즈음 특히 바빠. 편지도 제대 로 못썼어. 화내지마. 내가 듣는 영어 수업도 이제 고급반으로 들어갔어. 배달일도 월급이 올 랐고, 다 잘돼가. 아! 하마터면 잊을 뻔했구나. 최근에 한 사람 을 알게 됐는데, 날 요리사 시 켜줄 수 있대. 요리사는 돈을 많이 벌어. 홍콩에서 보통 한달 에만도 만원이상 받아. 소정! 난 운이 좋은 것 같아!

295. 乳罩 브래지어
硬 딱딱하다

296. 拿…当 …로 …를 삼다
游泳裤 수영복, 수영 팬티
内裤 팬티

297. 工资 임금, 노동비
差(一)点儿+동사 하 마트면 …할 뻔했 다.
厨师 요리사, 주방장

私人密码不符，请重按密码
Sīrén mìmǎ bù fú, qǐngchóng àn mìmǎ

298、李　翘：又错啦。你是不是记错号码啦？好
Yòu cuò la. Nǐ shì bù shì jì cuò hàomǎ la? Hǎo

好儿想一想。唉！这是第三次啦。
hǎor xiǎng yi xiǎng. Āi! Zhè shì dì-sān cì la.

你肯定是？
Nǐ kěndìng shì?

操作已取销，咭由本行收管
cāozuò yǐ qǔxiāo, jīyóu běn háng shōu guǎn

299、黎小军：啊？
Á?

300、李　翘：哎哟！我早就提醒你啦。唉！没
Āiyō! Wǒ zǎo jiù tíxǐng nǐ la. Āi! Méi

得救啦。唉！让一让，让一让。
de jiù la. Āi! Ràng yi ràng, ràng yi ràng.

我今天来查数呢。别不开心呀？没
Wǒ jīntiān lái chá shù ne. Bié bù kāixīn ya? Méi

什么大不了的。再申请一张呀。
shénme dà bu liǎo de. Zài shēnqǐng yī zhāng ya.

301、黎小军：要多久呀？
Yào duō jiǔ ya?

账面结余为　　$　32,639.91
zhàngmiàn jiéyú wéi

可用结余为　　$　32,639.91
kě yòng jiéyú wéi

请选择
qǐng xuǎnzé

302、李　翘：发财了！听说马克升耶。
Fā cái le! Tīngshuō Mǎkè shēng yē.

303、黎小军："马克升"是谁呀？
"Mǎ Kèshēng" shì shéi ya?

70

비밀번호가 틀립니다.
다시 비밀번호를 누르세요.

298、 이 교: 또 틀렸어. 번호를 잘못 안 것
아냐? 잘 생각해봐. 야! 이게
세 번째야. 틀림없는 거지?

카드는 본점에서 보관합니다.
조작이 취소되었습니다.

299、 여소군: 아니?

300、 이 교: 아이 참! 그러게 내가 말했잖
아. 넌 안돼. 야! 비켜 봐, 나
잔금 확인해야 돼. 기분 나빠
하지마. 별거 아냐. 한장 더 신
청하면 되잖아.

301、 여소군: 얼마나 걸려?

302、 이 교: 횡재했다! 마르크가 올랐대.

303、 여소군: '마르크'가 누구야?

※ 참고
咁 보통화의 卡에 해당
된다. 광동어 지역에서만
사용하는 자임

300、 提醒 일깨우다
没得救 구제할 수가
없다, 넌 안돼, 넌
못말려
查数 숫자 확인하다,
잔액 조회하다
不开心 기분 나쁘다
大不了 기껏해야 …
하다

302、 马克 (화폐단위) 마
르크

304、李 翘： 马克斯弟弟。 你是不是有病呀？
Mǎkèsī dìdi. Nǐ shì bu shì yǒu bìng ya?

连菜市场大婶都知道炒股票炒外币才
Lián cài shìchǎng dàshěn dōu zhīdào chǎo gǔpiào chǎo wàibì cái-

能赚到钱呀。
néngzhuàn dào qián ya.

305、黎小军： 唉！ 等等。 可是我们菜市场的大婶，
Āi! Děngdeng. Kěshì wǒmen cài shìchǎng de dàshěn,

好像没这种概念。
hǎoxiàng méi zhè zhǒng gàiniàn.

306、李 翘： 哎哟！ 人家是怕把你叫聪明啦。
Āiyō! Rénjiā shì pà bǎ nǐ jiào cōngming la.

你以为每个人都像我对你这么好啊？
Nǐ yǐwéi měi ge rén dōu xiàng wǒ duì nǐ zhème hǎo a?

我告诉你啊。 股票是香港的土产，
Wǒ gàosu nǐ a. Gǔpiào shì Xiānggǎng de tǔchǎn,

就像阿拉伯的石油呀， 泰国的榴莲
jiù xiàng Ālābó de shíyóu ya, Tàiguó de liúlián

啊。 在香港要想发财， 一定要买
a Zài Xiānggǎng yào xiǎng fā cái, yīdìng yào mǎi

股票。
gǔpiào.

307、黎小军： 你教我。
Nǐ jiāo wǒ.

308、李 翘： 教你？ 又教你！ 占我多少便宜呀？
Jiāo nǐ? Yòu jiāo nǐ! Zhàn wǒ duōshao piányi ya?

<股票市场－주식시장>

● 부동산 주식에 손을 댄 이교. 소군은 함께 줄을 서서 기다린다.

309、 男 ： 唉！ 你不是泰联的？
Āi! Nǐ bù shì Tàilián de?

310、李 翘： 不是呀。 我们是英联的。
Bù shì ya. Wǒmen shì Yīnglián de

304. 이 교: 마르크스 동생이다, 왜. 얘가 어디 아프나? 시장바닥에 아줌마들도 주식이니 외환에 투자해야 돈 버는 건 다 알아.

305. 여소군: 에이! 기다려. 하지만 우리 시장에 아줌마들은 그런 개념이 없던데.

306. 이 교: 아이! 사람들이야 네가 똑똑해질까봐 그러지. 사람들마다 나처럼 너한테 잘해줄 줄 아니? 주식은 홍콩의 토산이지, 마치 아랍의 석유나 태국의 듀리언(榴蓮)처럼 말야. 홍콩에서 돈을 벌려고 하면 반드시 주식을 사야 한다구.

307. 여소군: 네가 좀 가르쳐 줘.

308. 이 교: 널 가르쳐? 또! 얼마나 덕을 볼려고?

309. 남 자: 어이! 태국연합상사건가요?

310. 이 교: 아니요. 저희는 영국연합거예요.

304. 马克斯 (인명) 마르크스
股票 → 189
炒股票 주식 투자하다, 주식놀음 하다
土产 토산품
榴蓮 (식물) 듀리언

311、 男 ： 英联地产？ 唉，他们给你多少钱呀？
Yīnglián dìchǎn? Āi, tāmen gěi nǐ duōshǎo qián ya?

312、李 翘： 五千多块一个单位啊。
Wǔqiān duō kuài yī ge dānwèi a.

313、 男 ： 五千多块？ 我们怎么才三千多块呀。
Wǔqiān duō kuài? Wǒmen zěnme cái sānqiān duō kuài ya.

314、 女 ： 多少钱？ 多少钱？
Duōshao qián? Duōshao qián?

315、 男 ： 五千多块呀。
Wǔqiān duō kuài ya.

316、 女 ： 啊？
Ā?

317、 男 ： 叫你早点儿去买。 你就不去就不听
Jiào nǐ zǎo diǎnr qù mǎi. Nǐ jiù bù qù jiù bù tīng

我的。
wǒ de.

318、 女 ： 什么都怪我？ 就有只一个…
Shénme dōu guài wǒ? Jiù yǒu zhǐ yī ge …

319、黎小军： 幸亏在大陆习惯排队呀！
Xìngkuī zài dàlù xíguàn pái duì ya!

320、李 翘： 所以在这里面， 大多数是你同志。
Suǒyǐ zài zhè lǐmiàn, dàduōshù shì nǐ tóng zhì.

训练有素。 为了两千多块钱，就吵成
Xùnliàn yǒu sù. Wèile liǎng qiān duō kuài qián, jiù chǎo chéng

这样呀。
zhèyàng ya.

321、黎小军： 今天晚上热嘛。 天热，人就容易上火。
Jīntiān wǎnshang rè ma. Tiān rè, rén jiù róngyì shànghuǒ.

322、李 翘： 我敢说呀。 他们一定会住在一个小小
Wǒ gǎn shuō ya. Tāmen yīdìng huì zhù zài yī ge xiǎoxiǎo

房间里， 大吵大闹地过下半辈子。
fángjiān lǐ, dà chǎo dà nào de guò xià bànbèizi.

74

311、 남 자: 영국연합요? 이봐요, 당신들은
얼마받았어요?

312、 이 교: 하나에 오천원 정도요.

313、 남 자: 오천원? 우리는 왜 삼천원정도
밖에 못 받았었지…

314、 여 자: 얼마래요? 얼마래요?

315、 남 자: 오천얼마래.

316、 여 자: 네?

317、 남 자: 내가 좀 일찍 사라고 했잖아. 가
지도 않고, 하여튼 내말 안듣더
니만…

318、 여 자: 뭐든지 다 내 탓이예요? 그러
면…

319、 여소군: 대륙에서 줄서기 많이 해 봐서
다행이야!

320、 이 교: 이 곳에 있는 사람들 대부분이
너처럼 대륙사람이야. 훈련이
잘 되어 있지. 겨우 2천원 가지
고 저렇게 싸우다니.

321、 여소군: 오늘 저녁은 덥잖아. 더우면 화
가 잘 나.

322、 이 교: 내가 감히 말하건데 저 사람들
은 분명히 작디 작은 집에서 대
판 싸우면서 남은 반평생을 보
내게 될거야.

75

323、黎小军： 两夫妻，到晚上就恩爱啦。
Liǎng fūqī, dào wǎnshang jiù ēn'ài la.

324、李 翘： 千辛万苦地来到香港， 不能这么马
Qiān xīn wàn kǔ de lái dào Xiānggǎng, bù néng zhème mǎ

马虎虎的过一辈子。
mǎhūhū de guò yī bèizi.

325、黎小军： 唉， 不是每个人都像你这么胸怀大
Āi, bù shì měi gè rén dōu xiàng nǐ zhème xiōng huái dà

志的！
zhì de!

326、李 翘： 胸怀大志有什么不好。 人应该有大
Xiōng huái dà zhì yǒu shénme bù hǎo. Rén yīnggāi yǒu dà

志才有理想嘛。
zhì cái yǒu lǐxiǎng ma.

327、黎小军： 我没有理想。
Wǒ méiyǒu lǐxiǎng.

328、李 翘： 怎么没有呀？ 你不是经常说要努力
Zěnme méiyǒu yā? Nǐ bù shì jīngcháng shuō yào nǔlì

地存钱， 娶无锡的爱人来香港吗？
de cún qián, qǔ Wúxī de àirén lái Xiānggǎng ma?

329、黎小军： 这也算呀？
Zhè yě suàn ya?

330、李 翘： 算呀！ 只是小了点儿。 幸亏我在大
Suàn ya! Zhǐshì xiǎo le diǎnr. Xìngkuī wǒ zài dà-

陆啊， 没什么青梅竹马的表哥。 要
lù a, méi shénme qīngméi zhúmǎ de biǎogē. Yào-

不然到头来我还是嫁给大陆人。 那
burán dào tóu lái wǒ háishi jià gěi dàlùrén. Nà

我来香港干什么？ 咦！ 黎小军！
wǒ lái Xiānggǎng gàn shénme? Yí! Lí Xiǎojūn!

331、黎小军： 嗯？
ńg?

76

323、 여소군: 그래도 저 두 사람 밤엔 사랑이 넘칠거야.

324、 이 교: 고생고생해서 홍콩까지 왔는데 대충대충 한평생을 살 순 없어.

325、 여소군: 이봐, 모든 사람들이 너처럼 큰 꿈을 품고 사는 건 아니잖아?

326、 이 교: 큰 꿈을 품는 게 뭐가 어때서? 사람이란 꿈이 있어야만 이상이 있는 거야.

327、 여소군: 난 이상이 없는걸.

328、 이 교: 왜 없어? 열심히 저축해서 무석에 있는 애인을 홍콩에 데리고 와서 결혼하고 싶다고 종종 말했잖아?

329、 여소군: 그것도 이상이라고 할 수 있어?

330、 이 교: 그래! 단지 작을 뿐이지. 난 대륙에 소꿉친구 같은 오빠 따위가 없어서 다행이야. 그렇지 않으면 언젠가 대륙사람에게 시집가야할테고. 그렇다면 홍콩에는 왜 왔게? 으! 여소군!

331、 여소군: 응?

어 휘 풀 이

324、 千辛万苦 오만 고생 다하다, 천신만고 끝에~
马马虎虎 그럭저럭, 그저 그렇다
一辈子 → 31

325、 胸怀大志 가슴에 큰 뜻을 품다

328、 娶 부인을 얻다, 결혼하다

329、 算 계산하다, ~라고 쳐주다

330、 幸亏 → 319
青梅竹马 어릴 때의 소꿉친구 남녀 한 쌍을 가리킴
表哥 외사촌 오빠
到头来 결국에 가서는

332、李　翘：你屁股好脏呀。　好恶心呀，哎哟！
Nǐ pìgǔ hǎo zāng ya. Hǎo ěxin ya, āiyō!

333、黎小军：哎！糟了，糟了！巧克力。　买给
Āi! Zāo le, zāo le! Qiǎokèlì. Mǎi gěi

你吃的。
nǐ chī de.

334、李　翘：嘻…干吗，对我这么好呀？弄成这
Xī … gànmá, duì wǒ zhème hǎo ya? Nòng Chéng zhè—

样，热巧克力，怎么吃呀？
yàng, rè qiǎokèlì, zěnme chī ya?

335、黎小军：还能吃，还能吃。
Hái néng chī, hái néng chī.

336、李　翘：我不要。
Wǒ bù yào.

337、黎小军：反正你放在嘴里也化了。　试试吧。
Fǎnzhèng nǐ fàng zài zuǐ li yě huà le. Shìshi ba.

吃一点好不好？
Chī yīdiǎn hǎo bu hǎo?

338、李　翘：过两年我要排队给自己买房子。　移
Guò liǎng nián wǒ yào pái duì gěi zìjǐ mǎi fángzi. Yí

到在香港自己住，　在大陆买一套给
dào zài Xiānggǎng zìjǐ zhù, zài dàlù mǎi yī tào gěi

妈妈住。
māma zhù.

339、黎小军：行不行呀？
Xíng bu xíng ya?

340、李　翘：怎么不行呀？　这里是香港啊。　只要
Zěnme bù xíng ya? Zhèlǐ shì Xiānggǎng a. Zhǐyào

你肯拼命地去干，什么都行。　黎小
nǐ kěn pīn mìng dì qù gàn, shénme dōu xíng. Lí Xiǎo—

军！我们是不是好朋友？
jūn! Wǒmen shì bu shì hǎo péngyou?

332、이 교: 엉덩이 좀 봐 아이 더러워! 에 이 구역질 나!

333、여소군: 아이! 어쩌지, 이런. 초콜렛이 야. 너 줄려고 산 건데.

334、이 교: 헤! 왜 나한테 이렇게 잘해줘? 이렇게 녹은 초콜렛을 어떻게 먹어?

335、여소군: 그래도 먹을 수 있어, 먹을 수 있어.

336、이 교: 응, 난 싫어.

337、여소군: 어쨌든 입안 에 들어가면 녹잖아. 먹어 봐. 조금만이 라도 먹어봐, 응?

338、이 교: 몇년 후엔 줄을 서서 내집을 살 거야. 난 홍콩으로 이주해 와서 살고, 대륙에는 엄마가 사시도 록 집을 한 채 사 드릴거야.

339、여소군: 가능할까?

340、이 교: 왜 안돼? 여긴 홍콩이야. 목숨걸 고 한다면 무엇이든지 할 수 있 어. 여소군! 우린 좋은 친구지?

어휘풀이

332、屁股 엉덩이
脏 더럽다
恶心 구역질 나다

333、糟了 큰일이다! 야단 났다
巧克力 초콜렛

337、化 녹는다, 용화되다

338、套 (양사) 세트

340、拼命 목숨걸다, 목숨 걸고 하다

341、黎小军： Sure!

342、李　翘： 你肯陪我吃苦又逗我开心。　其实，
Nǐ kěn péi wǒ chī kǔ yòu dòu wǒ kāixīn.　Qíshí,

你是我在香港最要好的朋友。
nǐ shì wǒ zài Xiānggǎng zuì yàohǎo de péngyou.

343、黎小军： Thank you!

344、李　翘： 行呀。　还能说两句英文啦。
Xíng ya.　Hái néng shuō liǎng jù Yīngwén la.

345、黎小军： Of course!　哈哈哈…
Hā hā hā…

346、李　翘： 嗯…不吃了。
Ēn… bù chī le.

347、黎小军： 再吃一点儿嘛。
Zài chī yìdiǎnr ma.

348、李　翘： 那，一点点呀！　嗯，难吃死了。
Nà, yìdiǎndiǎn ya!　Ēn, nán chī sǐ le.

1987年 10月

<提款机－현금 인출기>

● 불경기 속에서 현금인출기에서 잔액 조회를 하는 이교, 표정이 어둡기만 하다.

349、黎小军： 最近的市道真是不好。　我们店里有
Zuìjìn de shìdào zhēn shì bù hǎo.　Wǒmen diàn lǐ yǒu

很多熟客都不来光顾了。　听说在股
hěn duō shúkè dōu bù lái guānggù le.　Tīngshuō zài gǔ-

票市场有很多人…
piào shìchǎng yǒu hěn duō rén…

账面结余为　$ 89.91
zhàngmiàn jiéyú wéi

可用结余为　$ 89.91
kě yòng jiéyú wéi

80

341. 여소군: Sure!

342. 이 교: 넌 기꺼이 나와 고생도 함께 하
고 또 즐겁게도 해주고, 사실,
넌 홍콩에서 제일 친한 친구야.

343. 여소군: Thank you!

344. 이 교: 어쭈. 영어도 몇 마디 할 줄 안
다고.

345. 여소군: Of course! 하하하…

346. 이 교: 음, 안 먹을래.

347. 여소군: 조금만 더 먹어.

348. 이 교: 그럼, 조금만이야? 음, 맛없어.

349. 여소군: 요즘은 경기가 정말 좋지 않아.
우리 가게도 그 많던 단골들도
오질 않고 말야. 듣자 하니 주
식시장에서 많은 사람들이…

잔액 $ 89.91
사용가능액 $ 89.91
선택하세요

81

350、黎小军： 死 了 。 糟 了 ！
　　　　　Sǐ le. 　　Zāo le!

<按摩院－안마소>

● 이교는 파산을 하고 빚을 갚기 위해 안마소를 찾아간다.

351、人　妖： （粤）我 们 这 个 场 ， 人 流 最 多 是 下 午
　　　　　（Yuè）Wǒmen zhège chǎng, rénliú zuì duō shì xiàwǔ

三 四 点 开 始 ， 直 至 天 亮 前 五 六 点 。
sān- sì diǎn kāishǐ, zhízhì tiān liàng qián wǔ- liù diǎn.

开 始 时 按 摩 女 上 班 必 定 叫 辛 苦 。 有 些
Kāishǐ shí ànmónǚ shàng bān bìdìng jiào xīnkǔ. Yǒuxiē

说 拿 起 饭 碗 都 会 手 痛 。
shuō ná qǐ fànwǎn dōu huì shǒutòng.

● 지나가던 손님이 신기한 듯 바라본다.

走 吧 ， 色 鬼 ！ 说 起 来 ， 我 们 这 个 场 子 ，
Zǒu ba, sèguǐ! Shuō qǐ lái, wǒmen zhège chǎngzi,

比 起 旺 角 深 水 埗 那 些 ， 客 人 都 要 斯 文
bǐ qǐ Wàngjiǎo Shēnshuǐ bù nàxiē, kèrén dōu yào sīwén

得 多 。 好 多 当 红 的 小 姐 都 是 在 我 们
de duō. Hǎo duō dāng hóng de xiǎojiě dōu shì zài wǒmen

这 儿 出 道 的 。 一 小 时 可 以 分 二 十 元 。
zhèr chū dào de. Yī xiǎoshí kěyǐ fēn èrshí yuán.

小 费 全 部 归 自 己 所 有 。 多 与 少 就 视 乎
Xiǎofèi quánbù guī zìjǐ suǒyǒu. Duō yǔ shǎo jiù shìhū

你 替 客 人 做 些 什 么 。 不 过 做 多 少 呢 ，
nǐ tì kèrén zuò xiē shénme. Bùguò zuò duōshǎo ne,

我 们 不 管 你 。 自 己 做 自 己 的 。 明 白
wǒmen bù guǎn nǐ. Zìjǐ zuò zìjǐ de. Míngbai

吗 ？
ma?

350. 여소군: 아이구야. 큰일이다.

351. 계 이: 우리 이곳은 사람들이 가장 많을 때가 오후 세네시부터 날이 밝기 전에 대여섯시까지야. 시작 할 때는 다들 출근하기 힘들

다고들 하지. 어떤 애는 밥 먹으려고 밥그릇 드는 것조차도 팔이 아프다고 해. 저리가요, 이 색골! 사실 말이 났으니 말이지 우리 이곳은 몽콕(旺角)이나 삼수이포(深水埗) 일대와 비교하자면 손님들도 많이 신사적이야. 한참 잘 나가는 아가씨들은 다 여기서 시작했지. 한시간에 20불이 돌아가고, 팁은 다 자기 소유가 돼. 액수가 많고 적고는 네가 손님에게 어떻게 하느냐에 달려있다. 하지만 얼마나 해 주든 우리는 상관 안해, 스스로 자기것 챙기는 거야. 알겠지?

어휘풀이

351. 人妖 게이, 여장 남자
色鬼 색골
旺角 (지명) 몽콕, 홍콩 구룡의 중심에 위치함.
深水埗(지명) 삼수이뽀, 홍콩 구룡의 지명.
斯文 신사적이다
当红 명성이 있다, 인기있다, 잘나가다
出道 길을 틔우다, ··· 출신이다
小费 팁

83

● 안마소에서 안마를 하는 이교. 누워있는 남자의 전신에 새겨진 문신과
번쩍이는 금시계, 목걸이. 한눈에 암흑가 인물임을 알 수 있다.

352、 李　翘：欧阳先生，芬姐今天放假。　我先帮
Ōuyáng xiānshēng, Fēn jiě jīntiān fàng jià. Wǒ xiān bāng

你做。　我叫阿翘。
nǐ zuò. Wǒ jiào Ā Qiào.

353、 欧阳豹：吃过饭没有？
Chīguo fàn méiyǒu?

354、 李　翘：吃过了。　谢谢！
Chīguo le. Xièxie!

355、 欧阳豹：饱不饱呀？
Bǎo bù bǎo ya?

356、 李　翘：饱呀。
Bǎo ya.

357、 欧阳豹：吃饱了应该有劲儿。　按摩我喜欢力
Chībǎole yīnggāi yǒu jìnr. Ànmó wǒ xǐhuan lì-

气大的。　如果换小姐，你可别哭。
qi dà de. Rúguǒ huàn xiǎojiě, nǐ kě bié kū.

358、 李　翘：我二十多年没哭过了。
Wǒ èrshí duō nián méi kūguo le.

359、 欧阳豹：没哭？　那你眼睛怎么红呀？
Méi kū? Nà nǐ yǎnjing zěnme hóng ya?

360、 李　翘：对呀。　看见了你的金表所以红了
Duì ya. Kàn jiàn le nǐ de jīn biǎo suǒyǐ hóngle

吧。
ba.

361、 欧阳豹：哼，嘴巴还挺灵的。
Hng, zuǐbā hái tǐng líng de.

362、 李　翘：我的嘴是用来吃饭和说话的。
Wǒ de zuǐ shì yòng lái chī fàn hé shuō huà de.

363、 欧阳豹：不会吧。　还有别的用途吧。
Bù huì ba. Hái yǒu bié de yòngtú ba.

352. 이 교: 구양선생님, 분언니가 오늘 휴가예요. 일단은 제가 해드리죠. 저는 이교라고 해요.

353. 구양표: 밥은 먹었어?

354. 이 교: 먹었어요. 고마워요.

355. 구양표: 배불러?

356. 이 교: 네.

357. 구양표: 배부르면 힘이 세겠군. 안마할 때 난 세게 주무르는 걸 좋아해. 만약 아가씨 바꾸면 울지마.

358. 이 교: 전 이십여 년동안 울어본 적 없어요.

359. 구양표: 운 적 없다고? 근데 눈이 왜 그렇게 빨갛지?

360. 이 교: 당신의 금시계를 봐서 그래요.

361. 구양표: 하, 거참 말은 잘하네.

362. 이 교: 제 입은 밥먹고, 말하라고 달린 거예요.

363. 구양표: 그럴리가. 다른 용도도 있겠지.

355.	饱 배부르다
357.	有劲儿 힘이 있다 可别 절대로 ~해선 안돼! 可는 강조로의 의미다
359.	眼睛 눈
361.	嘴巴 입 靈 영험하다, 효과가 있다, 잘 돌아 간다
362.	用来 ~에다 사용한다
363.	用途 용도

● 안마를 하는 도중 구양표의 부하 하나가 들어온다.

364、 手 下： 豹哥。 原来那混蛋是警司的儿子。
Bào gē. Yuánlái nà húndàn shì jǐngsī de érzi.

365、 欧阳豹： 胆子那么小怎么跟我混？ 回湖南吧。
Dǎnzi nàme xiǎo zěnme gēn wǒ hùn? Huí Húnán ba.

● 놀란 이교가 안마하던 손을 멈춘다.

366、 欧阳豹： 干吗停下来？
Gànmá tíng xià lái?

● 야단을 듣고 그냥 나가는 부하를 다시 부른다.

367、 欧阳豹： 啊！ 你去哪儿？ 总统借钱也得还啊。
Ā! Nǐ qù nǎr? Zǒngtǒng jiè qián yě děi huán a.

不然我们吃什么？ 砍他。
Bù rán wǒmen chī shénme? Kǎn tā.

368、 手 下： 喔！
Wō!

369、 欧阳豹： 嗯， 你赚不赚外快呀？
Ēn, Nǐ zhuàn bu zhuàn wàikuài ya?

370、 李 翘： 赚啊。 要请打手？
Zhuàn a. Yào qǐng dǎshǒu?

371、 欧阳豹： 好啊。 帮我打背肌。
Hǎo a. Bāng wǒ dǎ bèijī.

372、 李 翘： 我的劲儿不够大。 我找别人来帮你
Wǒ de jìnr bù gòu dà. Wǒ zhǎo biérén lái bāng nǐ

做好了。
zuò hǎo le.

373、 欧阳豹： 嗯， 小妹妹蛮有种的。 你不怕我？
Ēn, xiǎo mèimei mán yǒu zhǒng de. Nǐ bù pà wǒ?

374、 李 翘： 我什么都不怕， 就怕老鼠。
Wǒ shénme dōu bù pà, jiù pà lǎoshǔ.

375、 欧阳豹： 不用换了。 帮我推油吧。
Bù yòng huàn le. Bāng wǒ tuī yóu ba.

364、부 하: 형님. 알고보니 그 놈이 경찰서
장의 아들이었습니다.

365、구양표: 간이 그렇게 작아가지고 어떻게
내 밑에 있어? 호남으로 돌아
가.

366、구양표: 왜 멈추지?

367、구양표: 야! 어디가? 총통이 돈 빌려가
도 갚아야해. 안그러면 우린 뭘
먹고 살어? 한칼 먹여.

368、부 하: 네.

369、구양표: 따로 돈벌이 하고 싶지 않아?

370、이 교: 벌고 싶죠.

371、표 형: 좋아. 등 좀 두드려 줘.

372、이 교: 제가 기운이 딸리네요. 다른 사
람 찾아드릴께요.

373、구양표: 음, 어린 아가씨가 베짱도 좋군.
내가 안 무서워?

374、이 교: 쥐말고는 아무것도 무섭지 않아
요.

375、구양표: 바꿀 필요없어. 오일 맛사지나
해 줘.

364、混蛋 잡종, 개자식
警司 경찰서장

365、胆子小 베짱이 없다

367、砍 베다, 찍다

369、賺外快 업무 외에 '따
로 밖에서 돈벌이를
한다' 는 유행어
打手 싸움꾼

371、背肌 등판

372、劲儿 힘, 기운

373、蛮 매우
有种 용기가 있다,
간이 크다, 베짱이
있다

375、推油 오일 맛사지

＜鸡贩－닭가게＞

● 주방에서 일하는 주방장. 닭발이 모자란 듯 세고 있다.

376、 厨师傅： … 二十五， 二十六， 二十七， 二十
　　　　　 … Èrshíwǔ,　　èrshíliù,　　èrshíqī,　　èrshí-

　　　　　 八， 二十九。
　　　　　 bā,　　èrshíjiǔ.

377、 厨师傅： 喂！ 十八只鸡是否二十九只鸡脚？
　　　　　 Wèi!　Shíbā zhī jī shìfǒu èrshíjiǔ zhī jījiǎo?

378、 黎小军： 是！
　　　　　 Shì!

379、 厨师傅： 是吗？ 不对吧。 三十一只才对哦？
　　　　　 Shì ma?　Bù duì ba.　Sānshíyī zhī cái duì ō?

＜宾馆－호텔＞

● 여관방에서 소군은 몰래 주방에서 가져온 닭발을 잠이 들려는 이교에게 권한
　다.

380、 黎小军： 试试贵妃鸡脚。 我特地送给你吃
　　　　　 Shìshi guìfēi jījiǎo.　Wǒ tèdì sòng gěi nǐ chī

　　　　　 的。 广东人说"以形补形"。 你每
　　　　　 de.　Guǎngdōngrén shuō "yǐ xíng bǔ xíng".　Nǐ měi

　　　　　 天给人家按摩…
　　　　　 tiān gěi rénjia ànmó …

381、 李 翘： 不吃了。 我累了。
　　　　　 Bù chī le.　Wǒ lèi le.

382、 黎小军： 要不我们多付点房钱， 在这儿过夜
　　　　　 Yàobù wǒmen duō fù diǎn fángqián,　Zài zhèr guò yè

　　　　　 吧。 嗯？
　　　　　 ba.　ńg?

383、 李 翘： 不要。 半个小时以后叫醒我。
　　　　　 Bù yào.　Bàn ge xiǎoshí yǐhòu jiàoxǐng wǒ.

376、 주방장: 스물다섯, 스물여섯, 스물일곱,
스물여덟, 스물아홉.

377、 주방장: 이봐! 닭이 열여덟 마리면 닭발
이 스물아홉 개 맞아?

378、 여소군: 맞아요.

379、 주방장: 그런가? 아니지. 서른한 개가 맞
지!

380、 여소군: 귀비 닭발 머어봐. 너 즐겨고 특
별히 가져온 거야. 광동사람들은
같은 모양으로 보한다고 하잖아.
매일 남 안마해준다고 ….

381、 이 교: 안 먹을래. 피곤해.

382、 여소군: 차라리 돈 더내고 여기서 자고
갈까. 어때?

383、 이 교: 안돼. 30분 후에 깨워줘.

377、 鸡脚 닭발
좀 앞에 나온 술어의
부정으로 통합해서
사용된다. 是否=
是不是

380、 贵妃鸡脚 양귀비가 唐
代의 미인으로 살
이 찐 포동포동한
건강 미인이었던데
서 비롯된 것으로
오동통 살점 많은
닭발이란 의미.
以形补形 같은 형태
의 것으로 보충한
다.

382、 过夜 밤을 지새다,
함께 자다

383、 小时 시간
叫醒 불러 깨우다

● 잠을 청하는 이교 옆에 누워 소군은 자장가인 양 노래를 부른다. 그러나 이교
는 도무지 잠을 이루지 못한다.

384、黎小军： （唱）甜蜜蜜　你笑得好甜蜜　好像花儿
(Chàng) Tiánm　Nǐ xiào de hǎo tiánmì　hǎoxiàng huār

开在春风里　开在春风里　啊～啊
kāi zài　chūnfēng lǐ　kāi zài　chūnfēng lǐ　ā ～ ā

春风里　在哪里在哪里见过你　甜蜜
chūnfēng lǐ　zài　nǎli zài　nǎli　jiànguo nǐ　tiánmì

笑得多甜蜜　是你是你　梦见的就
xiào de　duō　tiánmì　shì nǐ shì nǐ　mèng jiàn de jiù

是你　在哪里　在哪里　见过你　你的
shì nǐ　zài nǎ lǐ　zài nǎ lǐ　jiànguo nǐ　nǐ de

笑容好甜蜜　好甜蜜…
xiàoróng hǎo　tiánmì　hǎo　tiánmì …

<珠宝行－보석상>

● 소정의 생일선물을 사기 위해 소군과 이교는 보석상에 간다.

385、黎小军： 我想给小婷买点东西。　你帮我挑好
Wǒ xiǎng gěi Xiǎotíng mǎi diǎn　dōngxi.　Nǐ bāng wǒ tiāo hǎo

不好？　她快过生日了。
bu hǎo?　Tā kuài guò　shēngrì le.

386、李　翘： 我们穿得这么寒酸。　进去一定会招
Wǒmen chuān de　zhème　hánsuān.　jìn qù　yīdìng huì zhāo

人白眼的。
rén　báiyǎn de.

387、黎小军： 怕什么？　我有钱呀。　我真的去买东
Pà　shénme?　Wǒ yǒu qián ya.　Wǒ zhēn de　qù mǎi dōng-

西的嘛。
xi de ma.

388、李　翘： 对呀，　有钱人。　好。　买进去。
Duì ya,　yǒu qián rén.　Hǎo.　Mǎi jìn qù.

384、 여소군: (노래) 부록참조

385、 여소군: 소정에게 줄 선물을 사고 싶은
데 좀 골라줄래? 곧 생일이야.

386、 이 교: 우리 차림새가 너무 초라해서
들어가면 분명히 눈총 받을 거
야.

387、 여소군: 뭐가 겁나? 돈 있는데, 정말 살
거야.

388、 이 교: 그래. 부자아저씨. 좋아. 사러
들어가자.

어휘풀이

385、 挑 고르다, 선택하다

386、 寒酸 춥다, 몸서리 쳐
진다, 썰렁하다, 초
라하여 없어보인다
白眼 냉대하여 보는
눈, 따가운 눈총 주
는 시선

389、黎小军： 有信心。 今天有实力呀。
Yǒu xìnxīn. Jīntiān yǒu shílì ya.

390、黎小军： 小姐。 多少钱一粒呀？
Xiǎojiě. Duōshao qián yī lì ya?

391、售货员： 请你们吃的。
Qǐng nǐmen chī de.

392、黎小军： 喔！ 谢谢。 来， 吃啊。
Wō! Xièxie. Lái, chī a.

393、李 翘： 看来最漂亮的还是这一条呀。 啊， 哎
Kànlái zuì piàoliang de háishi zhè yī tiáo ya. Ā, āi—

哟！
yō!

394、黎小军： 你怎么了？
Nǐ zěnme le?

395、李 翘： 没事。
Méi shì.

396、黎小军： 啊！ 我知道了。 按摩了几个小时。
Ā! Wǒ zhīdào le. Ànmóle jǐ ge xiǎoshí.

啊！ "脚钟。" 你们术语叫脚钟嘛！
Ā! "jiǎozhōng." Nǐmen shùyǔ jiào jiǎozhōng ma!

怎么了？ 干什么？
Zěnme le? Gàn shénme?

397、李 翘： 就要这一条。 小姐， 麻烦你！
Jiù yào zhè yī tiáo. Xiǎojie, Máfan nǐ!

398、售货员： 好！
Hǎo!

399、黎小军： 嗯？
ńg?

400、李 翘： 我不想让人知道我是做这一行的。
Wǒ bù xiǎng ràng rén zhīdào wǒ shì zuò zhè yī háng de.

401、黎小军： 又没有偷， 又没有抢， 又不是做舞
Yòu méiyǒu tōu, yòu méiyǒu qiǎng, yòu bù shì zuò wǔ—

389. 여소군: 자신있어. 오늘은 능력있으니까.

390. 여소군: 아가씨, 한개 얼마예요?

391. 판매원: 서비스입니다.

392. 여소군: 아! 고마워요. 자, 먹어봐.

393. 이 교: 역시 이게 가장 예쁜 것 같아.
아, 아야!

394. 여소군: 왜 그래?

395. 이 교: 아냐.

396. 여소군: 아! 알겠어. 몇시간 동안 안마
해서 그렇지. 아! '각종(脚鐘)'
그 쪽 사람들은 각종(脚鐘)이라
고 말하지? 왜 그래?

397. 이 교: 이걸로 할게요, 아가씨. 부탁합
니다.

398. 판매원: 네.

399. 여소군: 응?

400. 이 교: 내가 이 계통에 일하는 걸 다른
사람들에게 알리고 싶지 않아.

401. 여소군: 도둑질 하는 것도 아니고 강도
짓 하는것도 아니고 춤추는 여
자도 아닌데 뭐가 어때서? 안마
인데.

389. 有信心 믿음이 있다,
자신 있다
实力 힘, 실세

390. 粒 (양사) 알, 작은
알갱이 따위

396. 术语 전문 용어

400. 行 (직업 따위의) 계
통, 계열

401. 偷 훔치다, 도둑질 하
다
抢 강도질 하다
舞女 댄서

女， 怕什么知道？ 按摩嘛。
nǚ, pà shénme zhīdào? Ànmó ma.

402、售货员: 先生， 这条你是不是也买呀？
Xiānsheng, zhè tiáo nǐ shì bu shì yě mǎi ya?

403、黎小军: 嗯…买两条是不是便宜点？ 三条呢？
ǹg… mǎi liǎng tiáo shì bù shì piányi diǎn? Sān tiáo ne?

404、售货员: 买多少条我们都是一个价钱。
Mǎi duōshao tiáo wǒmen dōu shì yī ge jiàqián.

405、黎小军: 一个价钱。 那要两条。 谢谢！
Yī ge jiàqián. Nà yào liǎng tiáo. Xièxie!

406、李翘: 发财啦！ 买两条呀？
Fā cái la! Mǎi liǎng tiáo ya?

407、黎小军: 不是呀， 一条给小婷的， 另一条是
Bù shì ya, yī tiáo gěi Xiǎotíng de, lìng yī tiáo shì

给你的。 那个手链很配你呀。 你
gěi nǐ de. Nàge shǒuliàn hěn pèi nǐ ya. Nǐ

喜欢的。 我有钱。 我真的有。 我
xǐhuan de. Wǒ yǒu qián. Wǒ zhēn de yǒu. Wǒ

真的有呀。
zhēn de yǒu ya.

<街上－거리>

● 팔찌를 사고 나온 두 사람은 손을 잡고 거리를 걷고 있다. 소군이 손을 꽉
쥐자 아파하는 이교.

408、李翘: 哎哟！
Āiyō!

409、黎小军: 喔， 对不起。 我忘了你手疼。
Wō, duì bu qǐ. Wǒ wàngle nǐ shǒu téng.

410、李翘: 你是不是想告诉全世界的人， 我是
Nǐ shì bù shì xiǎng gàosu quán shìjiè de rén, wǒ shì

做按摩的。 我给你找个大喇叭？
zuò ànmó de. Wǒ gěi nǐ zhǎo ge dà lǎbā?

402. 판매원: 선생님, 이것도 사실건가요?

403. 여소군: 음. 두 개 사면 좀 싸게 해줘 요? 세 개는요?

403. 便宜 싸다

404. 판매원: 얼마를 사시더라도 우리가게는 정찰제입니다.

405. 여소군: 정찰제요. 그러면 두 개 주세 요. 감사합니다.

406. 이 교: 횡재했구나! 두 개나 사니?

407. 여소군: 아니야, 하나는 소정에게 줄거 고, 다른 하나는 너에게 줄거야. 그 팔찌 너한테 잘어울려. 니 마 음에 드는 거잖아. 나 돈 있어. 정말 돈있어. 정말 있다니까.

407. 手链 팔찌
　　 配 어울리다

408. 이 교: 아야!

409. 여소군: 아, 미안해. 니 손이 아픈 걸 깜박했어.

409. 疼 아프다

410. 이 교: 너는 내가 안마하는 사람이라는 걸 전세계 사람들에게 알리고 싶은 거니? 너에게 큰 확성기 하나 구해줄까?

410. 喇叭 나팔, 확성기

95

411、黎小军： 对不起呀！ 那条手链真的很称你。
Duì bu qǐ yā! Nà tiáo shǒuliàn zhēn de hěn chēng nǐ.

412、李翘： 我没见过这么傻的人。 送给两个女
Wǒ méi jiànguo zhème shǎ de rén. Sòng gěi liǎng gè nǚ-

人的手链都是同一个款式。 我和
rén de shǒuliàn dōu shì tóng yī gè kuǎnshì. Wǒ hé

小婷不一样。 她是你老婆我是你
Xiǎotíng bù yīyàng. Tā shì nǐ lǎopo wǒ shì nǐ

朋友。 我们是上过床。 但是…你
péngyou. Wǒmen shì shàng guo chuáng. Dànshì… nǐ

送一条给她， 送一条给我。 你这
sòng yī tiáo gěi tā, sòng yī tiáo gěi wǒ. Nǐ zhè

是什么意思呀？ 你知不知道你自己
shì shénme yìsi ya? Nǐ zhī bù zhīdào nǐ zìjǐ

在做什么？
zài zuò shénme?

413、黎小军： 嗯…你…不要…生我的气啦。 你…
ňg… nǐ… bù yào… shēng wǒ de qì la. Nǐ…

是不是…按摩太累了…干脆不要干
shì bù shì… ànmó tài lèile… gāncuì bù yào gàn

啊。 我再找别的事干， 帮你一起
a. Wǒ zài zhǎo bié de shì gàn, bāng nǐ yīqǐ

还钱呀。
huán qián ya.

414、李翘： 你不是说你自己的理想， 是回无锡
Nǐ bù shì shuō nǐ zìjǐ de lǐxiǎng, shì huí Wúxī

娶小婷吗？ 你回无锡娶小婷吧。 我
qǔ Xiǎotíng ma? Nǐ huí Wúxī qǔ Xiǎotíng ba. Wǒ

的理想跟你不一样。 我们是两种完全
dè lǐxiǎng gēn nǐ bù yīyàng. Wǒmen shì liǎng zhǒng wánquán

不同的人。 其实我现在要去哪里， 去
bùtóng de rén. Qíshí wǒ xiànzài yào qù nǎli, qù

411. 여소군: 미안해! 그 팔찌 정말 너에게 잘 어울려.

412. 이 교: 이렇게 멍청한 사람을 본 적이 없어. 두 여자에게 주는 팔찌가 같은 모양이라니. 나와 소정은 달라. 그녀는 네 부인이고, 나는 네 친구야. 우리가 같이 잔 적은 있지만… 하나는 그녀에게 주고 하나는 나에게 주다니. 이게 무슨 의미야? 너 네가 무슨 짓하는 건지 알기나 하니?

413. 여소군: 음… 너…화내지마. 너…안마하는 게 힘들어서 그러지? 차라리 그만 둬버려. 내가 다른 일자리 하나 구해서 너와 함께 돈을 갚으면 되잖아.

414. 이 교: 너의 이상은 무석에 돌아가서 소정과 결혼하는 것이라고 말하지 않았니? 무석에 가서 소정과 결혼해! 나의 이상은 너와 달라. 우리는 두 종류의 완전히 다른 사람이야. 사실 난 지금 어디로 가야할지 무엇을 해야할

어휘풀이

411. 称 어울리다

412. 傻 멍청하다
款式 스타일
老婆 부인
上床 침대에 눕다, (은유적 표현으로) 남녀가 같이 자다

414. 连…都 → **34**
欠一屁股债 빚더미를 깔고 앉았다
投机 의기투합하다
偶尔 이따금, 가끔, 어쩌다

干什么，我自己都不知道。 我没有
gàn shénme, wǒ zìjǐ dōu bù zhīdào. Wǒ méiyǒu

安全感，我不喜欢这种感觉。 前几
ānquángǎn, wǒ bù xǐhuan zhè zhǒng gǎnjué. Qián jǐ

天我给我妈打电话。 告诉她我快
tiān wǒ gěi wǒ mā dǎ diànhuà. Gàosu tā wǒ kuài

发财了。 可是我现在连一毛钱都
fā cái le. Kěshì wǒ xiànzài lián yī máo qián dōu

没有。 还欠人一屁股债。 为什么
méiyǒu. Hái qiàn rén yī pìgu zhài. Wèi shénme

会这样呀？ 我不知道明天还会发生
huì zhèyàng ya? Wǒ bù zhīdào míngtiān hái huì fāshēng

什么事。 我害怕我的心里很…真
shénme shì. Wǒ hàipà wǒ de xīnli hěn … zhēn

不知该怎么好。 如果小婷有一天认
bù zhī gāi zěnme hǎo. Rúguǒ Xiǎotíng yǒu yī tiān rèn—

识了别的男孩子，两个人很投机， 就
shile bié de nánháizi, liǎng ge rén hěn tóujī, jiù

像我跟你一样，经常见面。 偶尔还
xiàng wǒ gēn nǐ yīyàng, jīngcháng jiàn miàn. Ǒu'ěr hái

会…但他们说只是好朋友。 你会怎
huì … dàn tāmen shuō zhǐshì hǎo péngyou. Nǐ huì zěn—

么想？
me xiǎng?

415、黎小军： 我…我会很不开心。
Wǒ… wǒ huì hěn bù kāixīn.

416、李 翘： 黎小军同志啊！ 我来香港的目的不
Lí Xiǎojūn tóngzhì a! Wǒ lái Xiānggǎng de mùdì bù

是为了你。 你来香港的目的也不是
shì wèile nǐ. Nǐ lái Xiānggǎng de mùdì yě bù shì

为了我。
wèile wǒ.

98

지 나 자신조차 모르겠어. 안정 감이 없어, 이런 느낌 싫어. 며칠 전에 엄마한테 전화했어. 곧 부자될거라고 말했지. 하지만, 난 지금 한푼도 없어. 게다가 빚더미만 깔고 앉았어. 어떻게 이 모양이지? 내일은 어떤 일이 벌어질지 모르겠어. 난 두려워, 내마음이… 정말 어떻게 해야할 지 모르겠어. 만약 소정이 어느 날 다른 남자를 알게 되어 두 사람이 의기투합해서 마치 우리처럼 자주 만나고, 간혹 또… 그렇지만 그들이 다만 친구일 뿐이라고 말한다면, 넌 어떻게 생각하겠니?

415. 여소군: 나는… 난 기분 나쁘거야.

416. 이 교: 여소군 동지! 내가 홍콩에 온 목적은 네가 아니야. 네가 홍콩에 온 목적도 나 때문이 아니 야.

416. 目的 목적

● 소군은 혼자 떠나가는 이교의 뒷모습을 지켜보며 발이 얼어붙은 듯 거리에 서
있다.

<姑姑家-고모댁>

● 실의에 빠진 소군은 의자에 멍청히 앉아있고, 제레미가 와서 말을 건넨다.

417、 Jeremy：好累呀！
Hǎo lèi ya!

418、 黎小军：搬好了吧？
Bān hǎo le ba?

419、 Jeremy：No.

420、 姑　姑：交租啦，鬼老。
Jiāo zū la,　guǐ lǎo.

421、 Jeremy：（粤）交过了。 Anytime!
（Yuè） Jiāoguo le.

<按摩院-안마소>

● 안마소. 이교는 다시 구양표의 안마를 맡게 된다.

422、 李　翘：豹哥啊！
Bào gē a!

423、 欧阳豹：我带了个朋友来。 听说你很怕它？
Wǒ dàile ge péngyou lái. Tīngshuō nǐ hěn pà tā?

● 엎드려 있는 구양표의 등에 새로 새긴 미키 마우스의 문신이 보인다.

424、 欧阳豹：怎么不笑呀？ 心情不好？
Zěnme bù xiào ya? Xīnqíng bù hǎo?

425、 李　翘：等一会儿你多给一点儿小费， 我就笑
Děng yīhuìr nǐ duō gěi yìdiǎnr xiǎofèi, wǒ jiù xiào

啦。 我很现实的。 哄我开心， 不用
la. Wǒ hěn xiànshí de. hǒng wǒ kāixīn, bù yòng

费这么大工夫吧。
fèi zhème dà gōngfu ba.

417. 제레미: 피곤해!

418. 여소군: 다 옮겼어요?

419. 제레미: No.

420. 고 모: 방세 내, 양키야.

421. 제레미: (광동어) 냈어요. Anytime!

422. 이 교: 표오빠!

423. 구양표: 친구를 데려왔어. 듣자하니 네
가 아주 무서워한다며?

424. 구양표: 왜 안웃어? 기분 안좋아?

425. 이 교: 있다가 당신이 팁이나 더 주면
난 웃을거예요. 나는 현실적이
거든요. 나를 기쁘게 하려고 이
런 큰 수고를 할 필요없어요.

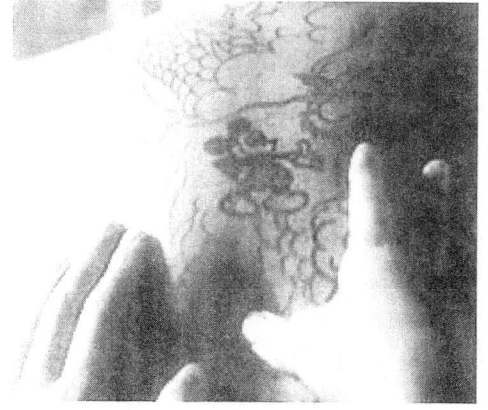

418. 搬 옮기다

420. 交租 세를 내다

425. 哄 속이고 기만하여
구슬리다, 달래다
費 소비하다, 소요하
다=花, 要
工夫 여가, 시간, 틈

426、 欧阳豹：　哈…
　　　　　　　Hā…

＜姑姑家 － 고모댁＞

● TV를 멍청히 바라보며 깊은 생각에 잠긴 소군, 곧 전화기를 들고 이교를 호출한다.

＜按摩院 － 안마소＞

● 안마를 하고 있는 이교의 호출기가 계속해서 호출을 알린다.

427、 欧阳豹：　唉，　怎么越来越轻呀？　家里死人呀？
　　　　　　　Āi，　zěnme yuè lái yuè qīng ya?　Jiā lǐ sǐ rén ya?

　　　　　　　而被男朋友甩呀？
　　　　　　　Ér bèi nán péngyou shuǎi ya?

428、 李　翘：　欠高利贷。
　　　　　　　Qiàn gāolìdài.

429、 欧阳豹：　喔！　恭喜恭喜！　还赚不赚外快呀？
　　　　　　　Wō!　Gōngxǐ gōngxǐ!　Hái zhuàn bù zhuàn wàikuài ya?

● 호출을 해도 이교의 연락이 없자, 소군은 이별의 메시지를 남긴다.

430、 接线员：　先生，　请问 call 多少号？
　　　　　　　Xiānsheng,　qǐngwèn call duōshao hào?

431、 黎小军：　1986.

432、 接线员：　您贵姓？
　　　　　　　Nín guì xìng?

433、 黎小军：　黎小军。　请你跟机主说，　拜拜！
　　　　　　　Lí Xiǎojūn.　Qǐng nǐ gēn jīzhǔ shuō,　bàibài!

434、 黎小军：　（信）亲爱的小婷！　听说这几天杭州
　　　　　　　（Xìn）Qīnài de Xiǎotíng!　Tīngshuō zhè jǐ tiān Hángzhōu

　　　　　　　热得要命。　还热死了人，　无锡还
　　　　　　　rè de yào mìng.　Hái rè sǐle rén,　Wúxī hái

　　　　　　　好吧？　还记得那个夏天天气…
　　　　　　　hǎo ba?　Hái jì de nà ge xiàtiān tiānqì…

426、 구양표: 하…

427、 구양표: 아니, 어떻게 갈수록 힘이 없어
져? 집에 누가 죽었어? 아니면
애인한테 차였어?

428、 이 교: 고리대에 빚졌어요.

429、 구양표: 와! 경사났군! 아직 따로 돈벌
이 할 마음 있어?

430、 교환원: 선생님, 몇번 호출하시나요?

431、 여소군: 1986.

432、 교환원: 성함은?

433、 여소군: 여소군이에요. 호출기 소유자에
게 전해주세요. '안녕'이라고.

434、 여소군: (편지) 사랑하는 소정! 요즘 항
주는 사람잡을 정도로 더워서
더위먹어 죽은 사람도 있다던

어휘풀이

427、 甩 차다, 被…甩 (연
애 등에서) 차이다

428、 高利贷 고리대

433、 机主 기계 주인

434、 杭州 (지명) 항주
得要命 → 25

家里人都好吗？
Jiā lǐ rén dōu hǎo ma?

我们只是在郊外避暑…
Wǒmen zhǐshì zài jiāowài bì shǔ …

你记得多穿衣服。 这几天天气特别
Nǐ jìde duō chuān yīfu. Zhè jǐ tiān tiānqì tèbié

冷。 登出了说这是五十年以来， 最
lěng. Dēng chūle shuō zhè shì wǔshí nián yǐlái, zuì

冷的一年。 最近香港的人都说要移
lěng de yī nián. Zuìjìn Xiānggǎng de rén dōu shuō yào yí

民。 不是到欧洲， 就是到加拿大。
mín. Bù shì dào Ōuzhōu, jiùshì dào Jiānádà.

国内的人都盼望来香港，香港人又盼
Guónèi de rén dōu pànwàng lái Xiānggǎng, Xiānggǎngrén yòu pàn一

望到别的地方去。 小时候， 爸妈常
wàng dào bié de dìfang qù. Xiǎo shíhou, bà mā cháng

骂我。 说我是胆小鬼。 什么地方
mà wǒ. Shuō wǒ shì dǎnxiǎoguǐ. Shénme dìfang

都不敢去…
dōu bù gǎn qù …

我寄了香港小姐录影带给你。 我特别
Wǒ jìle Xiānggǎng xiǎojie lùyǐngdài gěi nǐ. Wǒ tèbié

喜欢第一名的袁咏仪。 因为她的
xǐhuan dì-yī míng de Yuán Yǒngyí. Yīnwèi tā de

气质跟你很像。 可是我觉得还是
qìzhì gēn nǐ hěn xiàng. Kěshì wǒ juéde háishi

你比较可爱。 小婷！ 看来这是我
nǐ bǐjiào kěài. Xiǎotíng! Kàn lái zhè shì wǒ

最后的一封信。 不是吗？
zuì hòu de yī fēng xìn. Bù shì ma?

1990年 冬天

<餐厅－식당>

데, 무석은 괜찮아? 그 때 여름을 아직 기억해…

가족들은 잘 지내?

우린 교외에 피서갔었지.

옷 많이 입어야 해. 요즘 날씨가 많이 추워졌어. 신문에 나기를 오십년이래 가장 추운 해래. 요즘 홍콩사람들은 모두 이민가야 한다고 말해. 유럽이나, 캐나다로. 대륙사람들은 모두 홍콩으로 오기를 바라고, 홍콩사람들은 다른 곳으로 가기를 원해. 어렸을 때, 부모님은 항상 나를 나무라셨지. 겁쟁이라고… 아무데도 가려고 하지 않았지.

미스홍콩 선발대회 비디오 테이프 부쳤어. 난 진으로 뽑힌 원영의를 좋아해. 왜냐하면 그녀의 분위기가 너랑 닮았기 때문이야. 하지만 그래도 네가 더 귀여워. 소정! 이번이 마지막 편지가 될 것 같아. 그지?

105

● 소군과 소정의 결혼식날, 많은 하객이 붐빈다.

435. 男1 : You to hell!

436. 男2 : 还有, 还有。 Jump you son of bitch,
　　　　　　Hái yǒu,　 hái yǒu.

　　　　　Jump!

437. 女1 : 为什么你的英文怎么这么差呀?
　　　　　　Wèi shénme nǐ de Yīngwén zěnme zhème chà ya?

438. 男1 : 哎哟, 我"唔使"英文啦, 但我能赚
　　　　　　Āiyō,　 wǒ　"m̀ shǐ" Yīngwén la,　 dàn wǒ néng zhuàn

　　　　　大钱。
　　　　　dà qián.

439. 黎小军: 大家不要客气。 自己照顾自己。
　　　　　　Dàjiā bù yào kèqi.　 Zìjǐ zhàogù zìjǐ.

440. 男2 : 这个是…你老婆?
　　　　　　Zhège shì … nǐ lǎopo?

441. 人们 : 恭喜你们新婚之喜。
　　　　　　Gōngxǐ nǐmen xīnhūn zhī xǐ.

442. 女1 : (粤)唉, 你们有没有见过李翘呀? 听
　　　　　　(Yuè) Āi, Nǐmen yǒu méiyǒu jiànguo Lǐ qiào ya? Tīng—

　　　　　说她开花店又搞地产。 好像大赚
　　　　　shuō tā kāi huādiàn yòu gǎo dìchǎn.　 Hǎoxiàng dà zhuàn

　　　　　财团的老板娘。
　　　　　cáituán de lǎobǎnniáng.

443. 女2 : 我早就知道了。 她一天做二十多小
　　　　　　Wǒ zǎo jiù zhīdào le.　 Tā yī tiān zuò èrshí duō xiǎo—

　　　　　时的兼职, 拼命赚钱。
　　　　　shí de jiānzhí,　 pīn mìng zhuàn qián.

444. 女3 : 对对对, 以前介绍我们去英文学校。
　　　　　　Duì duì duì,　 yǐqián jièshào wǒmen qù Yīngwén xuéxiào

　　　　　原来也抽佣的。
　　　　　Yuánlái yě chōu yōng de.

435、 남1 : You to hell!

436、 남2 : 또 있어, 또 있어. Jump you son of bitch, Jump!

437、 여1 : 어째 당신의 영어는 그 모양이예요?

438、 남1 : 난 영어따윈 필요없어. 그래도 돈은 많이 벌잖아.

439、 여소고: 모두들 사양하지 마세요. 일아서 드세요.

440、 남2 : 이 사람이…부인?

441、 사람들: 결혼을 축하합니다.

442、 여1 : (광동어) 이교 만난 적 있어요? 꽃가게도 열고, 부동산도 굴리고 돈 재벌 재단 여사장 같더라구.

443、 여2 : 일찌감치 알아봤어. 하루에 겸직해가며 20시간도 더 일했잖아. 목숨걸고 돈 벌었었지.

444、 여3 : 맞아맞아. 예전에 영어학교에 우리를 소개했잖아. 알고보니 돈받고 사람 소개시키는 거였어.

445、 女4 : （粤）那我都给她骗了。
(Yuè) Nà wǒ dōu gěi tā piàn le.

446、 女2 : （粤）原来你现在才知道。
(Yuè) Yuánlái nǐ xiànzài cái zhīdào.

447、 男3 : 我早就说过了，广州人是滑头。
Wǒ zǎo jiù shuōguo le, Guǎngzhōurén shì huátóu.

448、 男4 : 喂喂喂！
Wèi wèi wèi!

449、 黎小军: 过来，过来。 啊，各位先等一会儿。
Guò lái, guò lái. Ā, gè wèi xiān děng yīhuìr.

菜没那么快上。 饿的话先叫面条
Cài méi nàme kuài shàng. È de huà xiān jiào miàntiáo

吃。
chī.

450、 女1 : 唉！ 有没有请李翘呀？
Āi! Yǒu méiyǒu qǐng Lǐ Qiào ya?

451、 黎小军: 有，有。
Yǒu, yǒu.

452、 男4 : 是呀。
Shì ya.

453、 女3 : 她来不来呀？
Tā lái bu lái ya?

454、 黎小军: 慢慢聊，慢慢聊。
Mànmān liáo, mànmān liáo.

＜巷子－골목＞

● 소군은 어두운 골목길에서 혼자 농구공을 들고 있는 주방장을 발견한다.

455、 黎小军: 黑七麻乌，你干什么？
Hēi qī má wū, nǐ gàn shénme?

456、 厨师傅: 我下个星期就走了， 去到纽约， 没
Wǒ xià gè xīngqī jiù zǒu le, qù dào Niǔyuē, méi

人再陪我打篮球。
rén zài péi wǒ dǎ lánqiú.

445、여4 : (광동어) 그럼 나도 속은 거네.

446、여2 : (광동어) 이제서야 알았구나.

447、남3 : 내가 얘기했었잖아. 광주사람들
은 교활하다고.

448、남4 : 이봐!

449、여소군: 이리와, 이리와. 모두들 잠시만
기다려주세요. 요리가 그리 빨
리 나오진 않을테니, 배고프시
면 먼저 국수부터 시켜 드세요.

450、여1 : 이봐, 이교
초대했어?

451、여소군: 네, 네.

452、남4 : 그래.

453、여3 : 오는 거야, 안오는 거야?

454、여소군: 천천히 얘기나누세요.

455、여소군: 이렇게 캄캄한데 뭐 하세요?

456、주방장: 다음주면 떠나, 뉴욕에 가면 이
제 더 나와 같이 농구할 사람이
없겠지.

457、黎小军： 那儿的老外都两米多高， 斗不过他
Nàr de lǎowài dōu liǎng mǐ duō gāo, dòu bu guò tā-

们。
men.

458、厨师傅： 是吗？ 那拼过才知道， 我不经常赢
Shì ma? Nà pīnguo cái zhīdào, wǒ bù jīngcháng yíng

你吗？
nǐ ma?

459、黎小军： 有时候是我故意让你赢， 你不知道？
Yǒu shíhou shì wǒ gùyì ràng nǐ yíng, nǐ bù zhīdào?

460、厨师傅，黎小军： 哈哈哈…
Hā hā hā …

461、厨师傅： 我走了以后， 好好照顾自己。
Wǒ zǒule yǐhòu, hǎohāo zhàogù zìjǐ.

<餐厅－식당>

● 식장으로 들어온 소군은 하객들 속에서 이교를 발견한다.

462、李 翘： 恭喜你呀！
Gōngxǐ nǐ ya!

463、黎小军： 谢谢！ 没想到你会来。
Xièxie! Méi xiǎng dào nǐ huì lái.

464、李 翘： 你结婚， 我当然要到了。 很英俊。
Nǐ jiéhūn, wǒ dāngrán yào dào le. Hěn yīngjùn.

理想实现了， 形象都变。
Lǐxiǎng shíxiànle, xíngxiàng dōu biàn.

● 이교의 뒤에서 방명록을 쓰고 일어서는 구양표가 보이고, 순간 소군은 당황해
한다.

465、李 翘： 豹哥！ 我来介绍。 新郎哥！
Bào gē! Wǒ lái jièshào. Xīnlánggē!

466、欧阳豹： 唉！ 新郎哥。 哎呀， 恭喜恭喜呀！
Āi! Xīnlánggē. Āiyā, gōngxǐ gōngxǐ ya!

457. 여소군: 그쪽에 외국인들은 2미터가 넘어요, 상대가 안돼요.

458. 주방장: 그래? 그야 죽으라 해봐야 알지, 종종 너한테도 이겼잖아?

459. 여소군: 가끔은 제가 일부러 져준건데, 몰랐어요?

460. 주방장, 여소군: 하하하…

461. 주방장: 내가 떠난 후에도, 잘 지내야 해.

462. 이 교: 축하해!

463. 여소군: 고마워! 네가 올 줄 몰랐어.

464. 이 교: 너의 결혼인데 당연히 와야지. 아주 멋있구나. 이상이 실현되니까 모습도 변했네.

465. 이 교: 표오빠! 소개할게요. 신랑이예요!

466. 구양표: 신랑이군. 축하해요! 정말 잘생겼군. 신부는?

어휘풀이

457. 老外 외국인, 코쟁이
斗不过 싸워 이길 수 없다

458. 赢 이기다

459. 故意 고의로

464. 英俊 잘생겼다, 핸섬하다

466. 新郎 신랑 ↔ 新娘
帅 멋있다

111

长 得 真 帅 呀 。　新 娘 呢？
zhǎng de zhēn shuài ya.　Xīnniáng ne?

467、李　翘：是 呀，新 娘 在 哪 儿 呀？
Shì yā,　xīnniáng zài nǎr ya?

● 소군, 소정, 이교, 구양표 네사람은 함께 사진을 촬영한다.

468、摄影师：啊，照 相 啦，照 相 啦，大 家 看 镜 头。
Ā, zhào xiàng la, zhào xiàng la, dàjiā kàn jìngtóu.

唉！靠 近 点 儿，靠 近 点 儿。啊，大 家
Āi! Kàojìn diǎnr, kào jìn diǎnr. Ā, dàjiā

看 镜 头。笑 一 笑！一 二 三！
kàn jìngtóu. Xiào yī xiào! Yī èr sān!

<小军家－소군의 집>

● 신혼방에 누워있는 소군과 소정. 소군은 잠을 이루지 못한다.

469、方小婷：还 没 睡 呀？
Hái méi shuì ya?

470、黎小军：啊，是 呀。可 能 是 今 天 太 紧张了
Ā, shì ya. Kěnéng shì jīntiān tài jǐnzhāngle

吧。
ba.

471、方小婷：也 可 能 是 新 环 境，你 还 没 习 惯 了。
Yě kěnéng shì xīn huánjìng, Nǐ hái méi xíguàn le.

472、黎小军：可 能 是 吧。
Kěnéng shì ba.

473、方小婷：这 房 子 里，只 有 我 们 两 个，真 好。
Zhè fángzi lǐ, zhǐyǒu wǒmen liǎng ge, zhēn hǎo.

474、黎小军：过 几 年 等 我 存 够 了 钱，我 们 就 可 以
Guò jǐ nián děng wǒ cún gòule qián, wǒmen jiù kěyǐ

分 期 付 款 买 自 己 的 房 子 了。
fēn qī fù kuǎn mǎi zìjǐ de fángzi le.

475、方小婷：慢 慢 来 吧！
Mànmān lái ba!

467、이 교: 맞아, 신부는 어디있어?

468、사진사: 자 찍어요, 찍어요. 모두 렌즈를 보세요. 좀 가까이 붙어요. 모두 렌즈를 보세요. 자 웃으세요! 하나, 둘, 셋!

468、鏡头 렌즈
近 접근하다, 가까이 하다

469、방소정: 안자요?

470、여소군: 아마도 오늘 긴장해서 그런가 봐.

470、紧张 긴장하다

471、방소정: 새로운 환경이라 그런가 봐요, 습관이 안돼서.

472、여소군: 그런가 봐.

473、방소정: 이 방에, 우리 두 사람만 있으 니 정말 좋아요.

474、여소군: 몇 년 지나 충분히 저축하면 할 부로 나눠서 우리 집도 살 수 있을거야.

474、分期付款 할부로 지 불하다

475、방소정: 천천히 해요!

476、黎小军： 知道吗？ 我刚来香港的时候， 穿着
Zhīdào ma? Wǒ gāng lái Xiānggǎng de shíhou, chuānzhe

那件蓝色的旧棉袄。 一天饭吃三大
nà jiàn lánsè de jiù mián'ǎo. Yī tiān fàn chī sān dà

碗， 躺在床就睡， 睡醒了就干活儿，
wǎn, tǎng zài chuáng jiù shuì, shuì xǐngle jiù gàn huór,

每天都过得很新鲜。 那时候要是你
Měitiān dōu guò de hěn xīnxiān. Nà shíhou yàoshi nǐ

在我身边…就好了。
zài wǒ shēnbian … jiù hǎo le.

<李翘家－이교의 집>

● 깊은밤 구양표를 찾는 전화가 울린다.

477、欧阳豹： 嗯， 嗯？ 他妈的， 一大堆废话。 告
ńg, ńg? Tā mā de, yī dà duī fèihuà. Gào—

诉我是谁先动手就行了。 就什么？ 你
su wǒ shì shéi xiān dòng shǒu jiù xíng le. Jiù shénme? Nǐ

以为跟豹哥了不起啦。 等我来了再
yǐwéi gēn Bào gē liǎo bu qǐ la. Děng wǒ láile zài

说， 在哪里呀？
shuō, zài nǎli ya?

478、李 翘： 有事呀？
Yǒu shì ya?

479、欧阳豹： 怎么还不睡呀？
Zěnme hái bù shuì ya?

480、李 翘： 你的电话把我吵醒了。
Nǐ de diànhuà bǎ wǒ chǎoxǐng le.

481、欧阳豹： 你一个晚上都翻来覆去的， 管电话
Nǐ yī ge wǎnshang dōu fān lái fù qù de, guǎn diànhuà

什么事？
shénme shì?

482、李 翘： 你去哪儿呀？
Nǐ qù nǎr ya?

476、여소군: 알고 있니? 처음 홍콩에 왔을
때, 남색의 낡은 면옷을 입고,
하루에 3그릇씩 가득 먹고, 침
대에 누우면 바로 잠들고, 깨면
또 일하고, 매일매일이 아주 새
로웠었지. 그때 내 곁에 네가
있었다면 …좋았을텐데.

477、구양표: 음, 음? 제기랄, 헛소리. 누가 먼
저 시작했는지만 알려주면 돼.
뭐? 내 밑에만 있으면 다인 줄
알아? 어디야?

478、이 교: 일 생겼어요?

479、구양표: 왜 아직도 안자?

480、이 교: 전화때문에 시끄러워서 깼어요.

481、구양표: 밤새 뒤척이더만. 전화하고 뭔
상관이야?

482、이 교: 어디 가요?

어휘풀이

476、棉袄 저고리, 면옷
躺 눕다
干活儿 일하다

477、一大堆 한무더기
废话 헛소리
动手 착수하다, 손대
나, 빼나

480、吵醒 시끄러워 깨다

482、翻来覆去 이리저리 뒤
척이다

483、欧阳豹：哎！早点睡吧。 别老是想着人家的
Āi! Zǎo diǎn shuì ba. Bié lǎo shì xiǎngzhe rénjia de

新郎，知道吗？
xīnláng, zhīdào ma?

484、李 翘：你胡说什么呀，你？
Nǐ húshuō shénme ya, nǐ?

485、欧阳豹：哼！ 我一看就知道， 你以前跟他有
Hng! Wǒ yī kàn jiù zhīdào, nǐ yǐqián gēn tā yǒu

一手。 小妹妹，豹哥是情场杀手，知
yī shǒu. Xiǎo mèimèi, Bào gē shì qíngchǎng shāshǒu, zhī-

道吗？
dào ma?

486、李 翘：你是按摩院的杀手还差不多。
Nǐ shì ànmóyuàn de shāshǒu hái chà bu duō.

487、欧阳豹：嘴巴还挺厉害， 还挺厉害。 干什么
Zuǐbā hái tǐng lìhai, hái tǐng lìhai. Gàn shénme

呀？
ya?

488、李 翘：什么时候回来呀？
Shénme shíhou huí lái ya?

489、欧阳豹：死不了就回来。
Sǐ bù liǎo jiù huí lái.

490、李 翘：死了你也要回来，我等你呀。
Sǐle nǐ yě yào huí lái, wǒ děng nǐ ya.

491、欧阳豹：死了怎么回来呀？ 我死了， 你就找
Sǐle zěnme huí lái ya? Wǒ sǐ le, Nǐ jiù zhǎo

别的好啦。 嗯？ 睡吧， 睡吧， 睡
bié de hǎo la. ńg? Shuì ba, shuì ba, shuì

吧，睡吧，睡吧。
ba, shuì ba, shuì ba.

492、李 翘：我今晚不睡了。
Wǒ jīn wǎn bù shuì le.

116

483、구양표: 어휴, 일찍 자. 쓸데없이 남의 신랑생각 그만하고, 알겠어?

484、이 교: 무슨 헛소리예요?

485、구양표: 흥! 딱 보면 알지, 옛날에 그 놈하고 뭔 일 있었지. 이 아가씨야, 표형은 연애킬러야, 알겠어?

486、이 교: 당신이? 안마소의 킬러라면 또 모를까.

487、구양표: 입만 살았어. 입만 살았어. 왜 그래?

488、이 교: 언제 돌아와요?

489、구양표: 안죽으면 돌아오겠지.

490、이 교: 죽어도 돌아와야 해요, 내가 기다릴테니까.

491、구양표: 죽었는데 어떻게 돌아 와? 내가 죽으면 다른 사람 찾아봐. 알았지? 그만 자, 자…

492、이 교: 오늘밤에는 안 잘래요.

483、人家 남

484、胡说 헛소리하다

485、有一手 뭔가 관계가 있었다.
殺手 킬러

486、差不多 비슷하다, 별사 없나

487、嘴巴 → 361
挺 → 163
厉害 → 95

489、死不了 죽을래야 죽지도 못한다

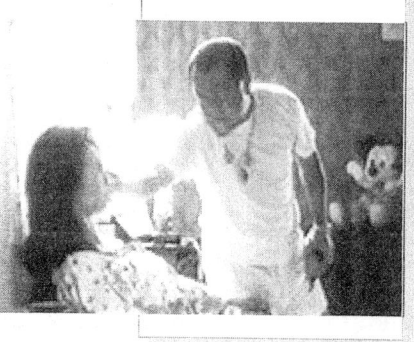

493. 欧阳豹: 找你喝早茶。 我走了。
Zhǎo nǐ hē zǎo chá. Wǒ zǒu le.

<姑姑家-고모댁>

● 고모를 찾은 소군. 고모는 건강이 나쁜 듯 연신 기침을 한다.

494. 黎小军: 有没有看医生呀？
Yǒu méiyǒu kàn yīshēng ya?

495. 姑 姑: 啐！ 医生都是骗钱的。 老是叫我
Cuì! Yīshēng dōu shì piàn qián de. Lǎo shì jiào wǒ

戒烟戒酒。 哼！ 如果我可以戒烟
jiè yān jiè jiǔ. Hng! Rúguǒ wǒ kěyǐ jiè yān

戒酒的话， 还看医生干什么？
jiè jiǔ de huà, hái kàn yīshēng gàn shénme?

496. 黎小军: 前天晚上电视里放"生死恋"。 我终
Qiántiān wǎnshang diànshì lǐ fàng "Shēng Sǐ Liàn". Wǒ zhōng-

于可以看见威廉荷顿了。
yú kěyǐ kàn jiàn wēilián hédùn le.

497. 姑 姑: 是吗？ 我也看见了。 我认识他的时
Shì ma? Wǒ yě kàn jiàn le. Wǒ rènshi tā de shí-

候， 他正在香港， 拍"生死恋"。
hou, tā zhèngzài Xiānggǎng, pāi "Shēng Sǐ Liàn".

有一天， 我专诚不上班， 去旧山顶
Yǒu yī tiān, wǒ zhuānchéng bù shàng bān, qù JiùShānDǐng

医院看他拍电影。 后来， 他请我
yīyuàn kàn tā pāi diànyǐng. Hòulái, tā qǐng wǒ

去…半岛吃饭。 那是我一生中我
qù … Bàndǎo chī fàn. Nà shì wǒ yīshēng zhōng wǒ

第一次去半岛。
dì-yī cì qù Bàndǎo.

498. 黎小军: 他的确很潇洒呀。
Tā díquè hěn xiāosǎ ya.

499. 姑 姑: 当然了。 你姑妈， 年轻的时候也漂
Dāngrán le. Nǐ gūma, niánqīng de shíhou yě piào-

493、구양표: 아침에 차 마시러 올게. 간다.

494、여소군: 병원에 가보셨어요?

495、고 모: 체! 의사들은 다 사기꾼이야. 노상 담배 끊어라 술 끊어라 하지. 흥! 담배끊고 술끊을 수 있으면 병원에 뭐하러 가?

496、여소군: 그저께 저녁에 텔레비전에서 '모정'을 했거든요. 마침내 윌리엄 홀튼을 봤어요.

497、고 모: 그래? 나도 봤단다. 처음 그를 알게됐을 때, 막 홍콩에서, '모정'을 찍고 있었지. 어느날, 난 일부러 출근도 안하고, 구산정 병원에 가서 그가 영화 찍는 걸 봤단다. 나중에, 그가 나를 페니쉴라호텔에 식사 초대를 했었지. 내 평생 처음으로 페니쉴라 호텔에 갔었지.

498、여소군: 그 사람은 확실히 멋있어요.

499、고 모: 당연하지. 고모도 젊었을 땐 예뻤단다. 하하…

어 휘 풀 이

495、骗钱 돈을 옭아먹다, 사기치다
戒烟 담배를 끊다
戒酒 술을 끊다

496、生死恋 (영화제목) 국내에서는 '모정'이란 제복으로 개봉하였음
终于 마침내, 드디어, 결국

497、拍 (영화따위를) 찍다, 촬영하다
专诚 특별히
半岛 (홍콩의 구룡 남단 침사쭈이에 있는 최고급 호텔) 페니쉴라

498、的确 확실히
潇洒 멋있다, 스마트 하다

亮 呀 。
liang ya.

500、 黎小军： 我 陪 你 去 看 医生 ！
Wǒ péi nǐ qù kàn yīshēng!

501、 姑　姑： 不去。　 你 带 Lucky 去 外面 逛逛 吧 。
Bù qù.　　Nǐ dài Lucky qù wàimian guàngguang ba.

啊 ！ 看 着 它 ， 它 眼花 啦 ， 它 也 老 了 。
Ā! Kànzhe tā, tā yǎnhuā lā, tā yě lǎo le.

● 거실에서 제레미와 개란이 대화하는 중 소군이 들어온다.

502、 Jeremy： Hey! How are you today?

503、 黎小军： I'm fine.

504、 Jeremy： Are you sure?

505、 黎小军： Yeah.

506、 Jeremy： 嗯， 我 跟 芥兰 快 回 泰国 去 啦 。　 她想
Ēn,　 wǒ gēn Jièlán kuài huí Tàiguó qù la.　 Tā xiǎng

家 。
jiā.

（粤） 李翘 呢 ？
(Yuè) Lǐ Qiào ne?

有 没有 看到 她 ？
Yǒu méiyǒu kàn dào tā?

507、 黎小军： 有 。
Yǒu.

508、 Jeremy： And? 有 没有 一点 … 那个 …?
Yǒu méiyǒu yīdiǎn … nàge …?

509、 黎小军： 她 和 小婷 做 了 好 朋友 。
Tā hé Xiǎotíng zuòle hǎo péngyou.

500, 여소군: 제가 함께 병원에 갈게요!

501, 고 모: 안가. 럭키 데리고 산책좀 하거라. 럭키도 늙었어.

502, 제레미: 이봐! 요즘 어때?

503, 여소군: 좋아요.

504, 제레미: 정말?

505, 여소군: 네.

506, 제레미: 난 개란이랑 곧 태국으로 돌아갈거야. 개란이 집에 가고 싶어해. 이교는? 본 적 있어?

507, 여소군: 네.

508, 제레미: 그리고? 그런 것…있었어?

509, 여소군: 소정과 친구가 됐어요.

어 휘 풀 이

501, 逛逛 한가롭게 거닐다
眼花 눈이 침침하다

510、 Jeremy： 你有没有搞错呀？
Nǐ yǒu méiyǒu gǎo cuò ya?

<李翘的办公室－이교의 사무실>

● 부동산 사무실을 연 이교. 개업식에 소군과 소정도 참가한다.

511、 方小婷： 好漂亮！ 李翘真能干。
Hǎo piàoliang! Lǐ Qiào zhēn nénggàn.

512、 黎小军： 对呀。
Duì ya.

513、 方小婷： 她来多久啦？
Tā lái duō jiǔ la?

514、 黎小军： 跟我差不多。
Gēn wǒ chà bu duō.

515、 方小婷： 她将来的老公一定要很有本领， 才
Tā jiānglái de lǎogōng yīdìng yào hěn yǒu běnlǐng, cái

镇得住她。
zhèn de zhù tā.

516、 黎小军： 她已经有老公。
Tā yǐjīng yǒu lǎogōng.

517、 方小婷： 那是她男朋友， 他们说的。
Nà shì tā nán péngyou, tāmen shuō de.

518、 男1 ： 李翘， 恭喜你呀。 又做老板了。
Lǐ Qiào, gōngxǐ nǐ ya. Yòu zuò lǎobǎn le.

519、 李 翘： 你好， 你好。 别这么说，算不了什
Nǐ hǎo, nǐ hǎo. Bié zhème shuō, suàn bu liǎo shén-

么， 我只是个小股东。
me, wǒ zhǐshì ge xiǎo gǔdōng.

520、 男2 ： Excuse me!

521、 黎小军： 香港人就这样。 老爱说英文， 九七
Xiānggǎngrén jiù zhèyàng. Lǎo ài shuō Yīngwén, Jiǔ-qī

快到了。
kuài dào le.

510. 제레미: 어떻게 된거야?

511. 방소정: 정말 멋져요! 이교는 정말 대단
　　　　해요.

512. 여소군: 맞아.

513. 방소정: 온 지 얼마나 됐
　　　　어요?

514. 여소군: 나와 비슷해.

515. 방소정: 그녀의 미래 남편은 분명히 능
　　　　력이 있어야 할거야, 그래야 그
　　　　녀를 잡을 수 있을거예요.

516. 여소군: 이미 남편이 있어.

517. 방소정: 애인일 뿐이래요. 그 사람들이
　　　　말했어요.

518. 남1 : 이교, 축하해요. 또 사장이 됐네요.

519. 이 교: 안녕하세요, 안녕하세요. 그런
　　　　말 마세요, 별거 아니예요. 작은
　　　　주주일 뿐이예요.

520. 남2 : 실례합니다.

521. 여소군: 홍콩사람들은 이래. 영어쓰는 걸
　　　　좋아하고, 97년이 곧 와서 그런
　　　　가봐.

어 휘 풀 이

510. 有没有搞错 → 23

511. 能干 능수능란하다

514. 差不多 → 486

515. 老公 남편
　　　本领 재주, 재간
　　　镇得住 누르다, 진정
　　　　시키다

519. 算不了什么 별 것 아
　　　니다
　　　股东 → 189

522、李翘： 招呼不周呀。 先吃点东西。
Zhāohū bù zhōu ya. Xiān chī diǎn dōngxi.

523、方小婷： 谢谢， 我怕胖。
Xièxie, wǒ pà pàng.

524、李翘： 你这么瘦， 怎么会胖呢？
Nǐ zhème shòu, zěnme huì pàng ne?

525、黎小军： 她来香港以后， 一直没跳舞。 所以
Tā lái Xiānggǎng yǐhòu, yīzhí méi tiào wǔ. Suǒyǐ

胖了几磅。
pàngle jǐ bàng.

526、李翘： 你是跳舞的？ 跳什么舞呀？
Nǐ shì tiào wǔ de? Tiào shénme wǔ ya?

527、方小婷： 芭蕾舞， 中国舞都会跳。
Bālěiwǔ, Zhōngguówǔ dōu huì tiào.

528、李翘： 哇！ 这么棒呀。 唉， 你可以教跳舞
Wā! Zhème bàng ya. Āi, nǐ kěyǐ jiāo tiào wǔ

呀？
ya?

529、方小婷： 没有门路嘛。
Méiyǒu ménlù ma.

530、李翘： 早点儿跟我说嘛。 唉， 我给你介绍
Zǎo diǎnr gēn wǒ shuō ma. Āi, wǒ gěi nǐ jièshào

吧， 包在我身上了。
ba, bāo zài wǒ shēnshàng le.

531、男3： 哎， 小婷， 过来呀。 小军， 借你老
Āi, Xiǎotíng, guò lái ya. Xiǎojūn, jiè nǐ lǎo-

婆用一下。 我介绍几个半边天给她
po yòng yī xià. Wǒ jièshào jǐ ge bànbiāntiān gěi tā

认识。 来来， 快快快！
rènshi. Láilái, kuài kuài kuài!

532、黎小军： 快点回来吧。
Kuài diǎn huí lái ba.

124

522、 이 교: 변변치 않아. 뭐 좀 들지.

523、 방소정: 고마워요, 살찔까 봐서요.

524、 이 교: 이렇게 말랐는데, 어떻게 살쪄요?

525、 여소군: 홍콩으로 온 후에 무용을 하지
않아서 몇파운드 불었거든.

526、 이 교: 무용을 한다고? 어떤 무용요?

527、 방소정: 발레, 중국무용 다 할 줄 알아요.

528、 이 교: 와! 대단해요. 무용을 가르치면
되겠군요?

529、 방소정: 길이 없잖아요.

530、 이 교: 일찍 말하지 그랬어요. 제가 소
개시켜줄게요. 맡겨두세요.

531、 남3 : 소정, 이리와 봐. 소군. 부인좀
빌려줘. 저쪽 여자들 좀 소개시
켜주게 말야. 자, 자! 어서!

532、 여소군: 빨리 와야해.

522、 招呼不周 대접이 소
홀합니다 (인사말)

523、 胖 살찌다

524、 瘦 여위다

525、 磅 (무게단위) 파운
드

527、 芭蕾 발레

529、 门路 연고, 연줄

530、 包在我身上 나에게
맡겨라

531、 半边天 여성을 지칭
하는 말. 직역하면
지구위의 반, 하늘
아래의 반

● 소군과 이교 두 사람만 남게 되고 어색한 대화를 계속한다.

533、李 翘: 你也吃点吧。
Nǐ yě chī diǎn ba.

534、黎小军: 好!
Hǎo!

535、李 翘: 我饿死了。 一天没吃东西了。
Wǒ èsǐ le. Yī tiān méi chī dōngxi le.

536、黎小军: 豹哥呢?
Bào gē ne?

537、李 翘: 嗯, 可能待会儿会来。
Ēn, kěnéng dài huìr huì lái.

538、男4 : 对不起, 让一让。
Duì bu qǐ, ràng yi ràng.

539、李 翘: 嗯, 不好意思。
Ēn, bù hǎo yìsi.

540、李 翘: 我搬家了。
Wǒ bān jiā le.

541、黎小军: 我升二厨了。
Wǒ shēng èr chú le.

542、李 翘: 这么厉害呀。 好棒啊!
Zhème lìhai ya. Hǎo bàng a!

543、男5 : Excuse me.

544、李 翘: 恭喜你呀!
Gōngxǐ nǐ ya!

545、黎小军: 我也搬家。
Wǒ yě bān jiā.

546、李 翘: 我也是呀。
Wǒ yě shì ya.

547、黎小军: 我知道。
Wǒ zhīdào.

533. 이 교: 너도 좀 먹어.

534. 여소군: 그래!

535. 이 교: 배고파 죽겠어. 종일 아무것도
　　　　　못 먹었어.

536. 여소군: 표형은?

537. 이 교: 좀 있다가 올거야.

538. 남4 : 죄송합니다만, 좀
　　　　　비켜주세요.

539. 이 교: 아, 죄송합니다.

540. 이 교: 나 이사했어.

541. 여소군: 난 부주방장으로 승진했어.

541. 升 오르다, 승진하다
二厨 부주방장

542. 이 교: 대단하구나. 멋져!

543. 남5 : 실례합니다.

544. 이 교: 축하해!

545. 여소군: 나도 이사했어.

546. 이 교: 나도.

547. 여소군: 알아.

548、 李 翘： 啊？
Ā?

549、 黎小军： 你刚才说过的嘛。
Nǐ gāngcái shuōguo de ma.

550、 李 翘： 喔！ 哈…
Wō! Hā…

551、 黎小军： 你终于可以做你想做的人啦。 嗯, 没
Nǐ zhōngyú kěyǐ zuò nǐ xiǎng zuò de rén la. ng, méi

人叫你大陆人呀？
rén jiào nǐ dàlùrén ya?

552、 李 翘： 我去五星级酒店呢, 人家跟我说英
Wǒ qù wǔxīngjí jiǔdiàn ne, rénjia gēn wǒ shuō Yīng-

文。 我去些商店, 售货员也不敢用
wén. Wǒ qù xiē shāngdiàn, shòuhuòyuán yě bù gǎn yòng

白眼看我了。 上个月呢, 我回老
báiyǎn kàn wǒ le. Shàng ge yuè ne, Wǒ huí lǎo-

家盖房子。 他们都不认识我了。 我
jiā gài fángzi. Tāmen dōu bù rènshi wǒ le. Wǒ

跟我妈说, 我终于可以做个香港人
gēn wǒ mā shuō, wǒ zhōngyú kěyǐ zuò ge Xiānggǎngrén

了。 不过, 不过…不过妈妈看不见
le. Bùguò, bùguò… bùguò māma kàn bu jiàn

那个房子了。 房子还没盖好, 她已
nà ge fángzi le. Fángzi hái méi gài hǎo, tā yǐ-

经去世了。 再吃一块儿。
jing qùshì le. zài chī yī kuàir.

553、 黎小军： 啊, 不了。 你吃吧。
Ā, bù le. Nǐ chī ba.

554、 李 翘： 好像饿鬼一样。
Hǎoxiàng èguǐ yīyàng.

<芭蕾学校－발레 학교>

● 이교는 소정을 데리고 가서 발레 강사 자리를 소개해 준다.

548、 이 교: 아?

549、 여소군: 방금 말했잖아.

550、 이 교: 아! 하하…

551、 여소군: 마침내 네가 꿈꾸던 사람이 되
었구나. 아무도 널 대륙사람이
라고 안 부르지?

552、 이 교: 고급호텔에 가면, 모두 나에게
넝어보 말해. 가게판매원들도
감히 나에게 눈총 주지 못해.
지난달에는, 고향에 가서 집을
지었어. 아무도 날 못 알아 봤
어. 엄마에게 말했지, 마침내 홍
콩사람이 되었다고. 하지만, 하
지만…엄마는 그 집을 보지 못
하셨어. 다 짓기도 전에 세상을
떠나셨어. 더 먹어.

553、 여소군: 아니, 됐어. 너 먹어.

554、 이 교: 걸신 들린 것 같아.

어휘풀이

552、 五星级 특급(호텔의
등급)
酒店 호텔, 북방에서
는 饭店
售货员 판매원
白眼 → 386
盖 → 3
去世 사망하다

554、 饿鬼 걸신들린 사람,
아귀

555. 李 翘：她以前在无锡是跳舞的。 芭蕾舞，
Tā yǐqián zài Wúxī shì tiào wǔ de. Bālěiwǔ,

中国舞她全都会。 她很有经验啊。 试
Zhōngguówǔ tā quán dōu huì. Tā hěn yǒu jīngyàn a. Shì

一试！
yī shì!

<汽车－자동차>

● 이교의 차를 타고 함께 가는 소정. 맥도날드 햄버거를 처음으로 맛보았다.

556. 方小婷：原来麦当劳是这么好吃的。
Yuánlái Màidāngláo shì zhème hǎo chī de.

557. 李 翘：你没去过麦当劳呀？
Nǐ méi qùguo Màidāngláo ya?

558. 方小婷：嗯， 以前小军常常他啃麦当劳的时
ňg, yǐqián xiǎojūn chángcháng tā kěn Màidāngláo de shí-

间还给我写信的。 不过现在一提起
jiān hái gěi wǒ xiě xìn de. Bùguò xiànzài yī tí qǐ

麦当劳他总是不起劲。
Màidāngláo tā zǒngshì bù qǐjìn.

559. 李 翘：见你来了， 给他多吃点儿家乡菜不
Jiàn nǐ lái le, gěi tā duō chī diǎnr jiāxiāngcài bù

是很好吗？
shì hěn hǎo ma?

560. 方小婷：哈…
Hā …

561. 李 翘：笑什么？
Xiào shénme?

562. 方小婷：我听人家说， 广东人叫老婆是"菜"，
Wǒ tīng rénjia shuō, Guǎngdōngrén jiào lǎopo shì "cài",

家乡菜不就是乡下的老婆吗？
jiāxiāngcài bù jiùshì xiāngxià de lǎopo ma?

563. 李 翘：那就是说你。 你连广东话都不会，
Nà jiùshì shuō nǐ. Nǐ lián Guǎngdōnghuà dōu bù huì,

555、이 교: 예전에 무석에서 무용을 했었어
요. 발레, 중국무용 다 할 수 있
어요. 경험도 많고요. 한번 써보
세요!

556、방소정: 맥도날드가 이렇게 맛있는 거였
군요.

557、이 교: 맥도날드에 가본 적 없어?

558、방소정: 네, 전에 소군이 종종 맥도날드
다닐 땐 편지도 보냈었어요. 하
지만 지금은 맥도날드얘기만 나
오면 착 가라앉아요.

559、이 교: 네가 왔으니, 그에게 고향요리
많이 해주니까 좋아서 그런 거
아니겠어?

560、방소정: 하하…

561、이 교: 뭐가 우스워?

562、방소정: 사람들이 그러는데, 광동사람들
은 부인을 '요리'라고 한데요,
고향요리하면 고향의 부인 아니
겠어요?

563、이 교: 그게 바로 너를 말하는 거잖아.
광동어도 못하면서, 그런걸 배
우다니. 소군이 가르쳐줬어?

어휘풀이
555、 经验 경험
556、 原来 → 3
558、 啃 어떤 일에 매달 리다, 몰두하다(세 3성), 먹다(제4성) 提起 거론하다, 제기 하다 不起劲 흥이 나지 않 는다
559、 家乡菜 고향요리, 향 토음식
562、 乡下 시골, 고향

可是这个学会啦。 小军教你的？
Kě shì zhège xué huì la. Xiǎojūn jiāo nǐ de?

564、方小婷: 他才不会。 他每天晚上从酒店放工
Tā cái bù huì. Tā měitiān wǎnshang cóng jiǔdiàn fàng gōng

回来， 总是倒着呼噜呼噜的睡。 连
huí lái, zǒngshì dǎozhe hūlū hūlu de shuì. Lián

一句话也不说。 那时候在无锡， 他
yī jù huà yě bù shuō. Nà shíhou zài Wúxī. tā

的话才多。 那时候一到黄昏， 我们
de huà cái duō. Nà shíhou yī dào huánghūn, wǒmen

就会骑着自行车到处溜达溜达。 来
jiù huì qí zhe zìxíngchē dàochù liūda liūda. Lái-

了之后， 我问他， 自行车到哪里去
le zhī hòu, wǒ wèn tā, zìxíngchē dào nǎli qù-

了， 他说丢了。
le, tā shuō diū le.

565、李 翘: 香港这么多车， 骑自行车太危险嘛。
Xiānggǎng zhème duō chē, qí zìxíngchē tài wēixiǎn ma.

566、方小婷: 他也是这么说。
Tā yě shì zhème shuō.

● 이교는 소정의 손목에 차여진 소군과 함께 골랐던 팔찌를 발견한다.

567、方小婷: 好看吗？
Hǎo kàn ma?

568、李 翘: 好看。
Hǎo kàn.

569、方小婷: 你戴一定挺好看的！
Nǐ dài yīdìng tǐng hǎokàn de!

570、李 翘: 小婷， 你干吗？
Xiǎotíng, nǐ gànmá?

571、方小婷: 小小意思。
Xiǎoxiǎo yìsi.

564、 방소정: 그 사람이 그럴리가요. 매일 저녁 일 마치고 돌아오면, 꼬꾸라져서 쿨쿨 잠만 자요. 한마디도 안해요. 그 시절 무석에서는 말도 참 많았었죠. 황혼무렵에 자전거를 타고 돌아다녔었죠. 이곳에 온 후에, 그에게 자전거는 어디에 있냐고 하니까 잃어버렸데요.

565、 이 교: 홍콩엔 차가 너무 많아서 자전거 타는 건 너무 위험해.

566、 여소군: 그 사람도 그랬어요.

567、 방소정: 예뻐요?

568、 이 교: 예뻐.

569、 방소정: 당신이 끼면 더 예쁠거예요.

570、 이 교: 소정, 뭐 하는 거야?

571、 방소정: 작은 성의예요.

어휘풀이

564、 放工 일을 끝내다, 퇴근하다
总是 항상, 늘
呼噜呼噜 (코고는 소리) 쿨쿨
连…也 → 412
到处 도처에, 곳곳에
溜达 산책하다, 어슬렁거리다
丢 버리다, 잃어버리다

569、 戴 착용하다

133

572. 李 翘： 别这样。 太客气了。 你不用送给
Bié zhèyàng. Tài kèqi le. Nǐ bù yòng sòng gěi

我， 不用送给我， 真的不用了。
wǒ, bù yòng sòng gěi wǒ, zhēn de bù yòng le.

● 이교가 만류하는 통에 팔찌가 바닥에 떨어진다.

573. 李 翘： 不好意思。 其实我有一条同样的。
Bù hǎo yìsi. Qíshí wǒ yǒu yī tiáo tóng yàng de.

574. 方小婷： 是吗？ 是不是一模一样的？
Shì ma? Shì bù shì yī mó yī yàng de?

575. 李 翘： 是呀。 以前一个朋友送给我的。
Shì ya. Yǐqián yī ge péngyou sòng gěi wǒ de.

576. 方小婷： 我这条是小军送的。
Wǒ zhè tiáo shì Xiǎojūn sòng de.

577. 李 翘： 我知道， 所以你更不能送别人啊。
Wǒ zhīdào, suǒyǐ nǐ gèng bù néng sòng biérén a.

578. 方小婷： 可是我一直都想送点东西给你呀。
Kěshì wǒ yīzhí dōu xiǎng sòng diǎn dōngxi gěi nǐ ya.

你对我这么好。 不如这样吧。 今天
Nǐ duì wǒ zhème hǎo. Bùrú zhèyàng ba. Jīntiān

晚上我请你去吃饭， 好不好呀？
wǎnshang wǒ qǐng nǐ qù chī fàn, hǎo bu hǎo ya?

579. 李 翘： 好呀！
Hǎo ya!

<餐厅－식당>

● 주방에서 일하던 소군은 소정의 메시지를 받는다.

Call机： "工作已落实。 今天晚上我和李翘吃饭。
"Gōngzuò yǐ luòshí. Jīntiān wǎnshang wǒ hé Lǐ Qiào chī fàn.

请放心。"
Qǐng fàng xīn."

<婚纱馆－웨딩 숍>

572、 이 교: 이러지마. 됐어. 줄 필요없어, 줄 필요없다고, 정말 필요없어.

573、 이 교: 미안해. 사실은 나도 같은 게 있어.

574、 방소정: 그래요? 똑같은 거예요?

575、 이 교: 그래. 전에 친구가 선물한 거야.

576、 방소정: 이건 소군이 선물한 거예요.

577、 이 교: 알아, 그러니 더더욱 남에게 주면 안되지.

578、 방소정: 하지만 뭔가 주고 싶어요. 당신이 내게 이렇게 잘해주니까. 차라리 이러는 게 어때요. 오늘저녁에 제가 식사대접할께요. 어때요?

579、 이 교: 좋아!

호출기: '일은 잘 마무리 됐어요. 오늘 저녁 이교와 식사해요. 안심하세요.'

574、 一模一样　(모양이) 똑같다

578、 一直 줄곧
不如 → **163**

어 휘 풀 이

● 웨딩 숍 오픈을 준비하는 이교. 소군과 소정이 함께 찾아간다.

580、李 翘： 唉！ 你过去看看那些刚刚新送来的
Āi! Nǐ guò qù kànkan nàxiē gānggāng xīn sòng lái de

婚纱。
hūnshā.

581、职 员： 好呀。
Hǎo ya.

582、黎小军： 什么时候正式开业呀？ 我送个花蓝
Shénme shíhou zhèngshì kāi yè ya? Wǒ sòng ge huālán

给你。
gěi nǐ.

583、李 翘： 送花？ 别忘了光顾我的花店。 别便—
Sòng huā? Bié wàngle guānggù wǒ de huādiàn. Bié pián—

宜了别人。
yile biéren.

● 이교는 드레스를 운반하는 직원을 불러 세운다.

584、李 翘： 你等一等， 让我看一看。
Nǐ děng yi děng, ràng wǒ kàn yi kàn.

585、方小婷： 哇！ 好漂亮呀！
Wā! hǎo piàoliang ya!

586、李 翘： 你结婚的时候拍婚纱照了吗？
Nǐ jié hūn de shíhou pāi hūnshāzhào le ma?

● 소정은 서운한 표정으로 고개를 젓는다.

587、李 翘： 不如今天每人选一套来拍照， 我不收
Bùrú jīntiān měi rén xuǎn yī tào lái pāi zhào, wǒ bù shōu

费， 好不好？ 开心吗？ 快点选吧。
fèi, hǎo bu hǎo? Kāixīn ma? Kuài diǎn xuǎn ba.

● 웨딩 드레스로 갈아입은 소정이 거울 앞에 선다.

588、李 翘： 哇， 好漂亮！ 简直可以当广告， 将—
Wā, Hǎo piàoliang! Jiǎnzhí kěyǐ dāng guǎnggào, jiāng—

580、이 교: 이봐! 가서 저쪽에 방금 온 드
레스좀 봐.

581、직 원: 네.

582、여소군: 언제 정식으로 개업해? 꽃바구
니 보내줄게.

583、이 교: 꽃 보낸다고? 우리 꽃가게에서
사는 것 잊지마. 다른 사람 좋
은 일 시키지 말고.

584、이 교: 잠깐 기다려, 좀 봐.

585、방소정: 와! 정말 예뻐요.

586、이 교: 결혼할 때 웨딩드레스 입고 사
진 안찍었어?

587、이 교: 그럼 오늘 한 벌 골라서 입고
사진 찍어, 돈 안받을게, 어때?
빨리 골라봐.

588、이 교: 와, 정말 예뻐! 광고로 써야겠
네, 나중에 사진 걸어둬야겠어.

580、婚纱 혼사, 웨딩 드
레스

582、开业 개업
花蓝 꽃바구니

586、婚纱照 (복장을 갖추
고 찍은) 결혼사진

587、收费 요금을 받다

588、简直 순전히
广告 광조, 선전
挂 걸다

来我一定把你的照片挂出来。
lái wǒ yīdìng bǎ nǐ de zhàopiàn guà chū lái.

● 소군이 탈의실에서 옷을 갈아입는 도중 이교가 문을 열고 들어서고, 착찹한 시선을 교환하는 두 사람.

<汽车－자동차>

● 이교는 소군과 소정을 차로 데려다 준다.

589、 方小婷: 唉, 前面停就好了。
　　　　　　　Āi, qiánmian tíng jiù hǎo le.

590、 方小婷: 我今天晚上要跳舞彩排。 可能会晚
　　　　　　　Wǒ jīntiān wǎnshang yào tiào wǔ cǎipái. Kěnéng huì wǎn

　　　　　　　一点回来。 你自己弄点东西吃呀。
　　　　　　　yīdiǎn huí lái. Nǐ zìjǐ nòng diǎn dōngxi chī ya.

591、 黎小军: 唉!
　　　　　　　Āi!

592、 方小婷: 谢谢, 拜拜!
　　　　　　　Xièxie, bàibài!

593、 李 翘: 拜拜!
　　　　　　　Bàibài!

594、 方小婷: 肚子饿, 冰箱里面有面条。 拜拜!
　　　　　　　Dùzi è, bīngxiāng lǐmiàn yǒu miàntiáo. Bàibài!

595、 黎小军: 拜拜!
　　　　　　　Bàibài!

● 앞자리로 옮겨탄 소군, 다시 둘만 남게 되자 어색한 듯 소군이 녹음기를 켜고, 등려군의 노래가 흐른다.

[插曲 “再见! 我的爱人”]
chā qǔ "zàijiàn! Wǒ de àirén"

● 거리에서 팬들에게 둘러싸인 등려군을 발견하고 소군이 소리친다.

596、 黎小军: 邓丽君呀!
　　　　　　　Dèng Lìjūn ya!

138

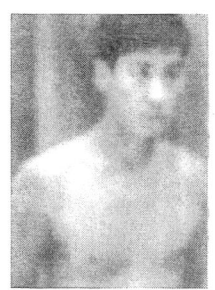 

589. 방소정: 앞에 세워주시면 돼요.

590. 방소정: 오늘저녁에 무용심사가 있어요. 좀 늦을거예요. 알아서 챙겨드 세요.

590. 彩排 심사하다

591. 여소군: 알았어.

592. 방소정: 고마워요, 잘가요!

593. 이 교: 잘가.

594. 방소정: 배고프면, 냉장고 안에 국수 있 어요. 안녕!

594. 氷箱 냉장고

595. 여소군: 잘가.

596. 여소군: 등려군이야!

● 입고 있는 재킷의 등판에 등려군의 사인을 받아 온 소군.

597、黎小军: 我总算拿她的签名了。
Wǒ zǒngsuàn ná tā de qiānmíng le.

598、李 翘: 真的有这么多歌迷呀。 喜欢她很久
Zhēn de yǒu zhème duō gēmí ya.　　Xǐhuan tā hěn jiǔ

了。
le.

● 등려군의 출현과 함께 다시 추억이 떠오르는 이교, 일부러 소군을 피하려 한
다.

599、李 翘: 我想去买点东西, 你自己回家吧。
Wǒ xiǎng qù mǎi diǎn dōngxi,　nǐ zìjǐ huí jiā ba.

600、黎小军: 再见!
Zàijiàn!

● 떠나는 소군의 뒷모습을 보다가 고개를 숙이는 이교, 엉겁결에 클랙션을 울리
고, 다시 돌아온 소군과 키스를 나눈다.

<宾馆－여관>

● 옛날 함께 가던 여관을 다시찾은 소군과 이교. 방 또한 같은 527호이다.

601、黎小军: 我们终于失败!
Wǒmen zhōngyú shībài!

602、李 翘: 是呀, 真的很失败。
Shì ya,　zhēn de hěn shībài.

603、李 翘: 这房子好像装修过了。
Zhè fángzi hǎoxiàng zhuāngxiūguo le.

604、黎小军: 天花板没换过。 那个 … 厕所翻新
Tiānhuābǎn méi huànguo.　　Nàge … cèsuǒ fānxīn

了。 地毯换了。
le.　　Dìtǎn huàn le.

605、李 翘: 床呢?
Chuáng ne?

597. 여소군: 마침내 그녀의 사인을 받았어.

598. 이 교: 정말 팬이 많구나. 그녀를 좋아한 지 오래됐지.

599. 이 교: 난 사야할 게 좀 있으니 알아서 집에 가.

600. 여소군: 안녕!

597. 簽名 사인하다

598. 歌迷 (가수의) 팬

601. 여소군: 우린 결국 실패했어!

602. 이 교: 그래, 정말 실패했어.

603. 이 교: 이 방 수리한 것 같아.

604. 여소군: 천장은 바꾸지 않았고, 저…화장실은 새로 바꿨어. 카페트도 바꿨어.

605. 이 교: 침대는?

601. 终于   마침내

603. 裝修 내부수리

604. 天花板 천장
翻新 수선하다, 새롭게 하다
地毯 양탄자, 카페트

606、黎小军: 还记得这块胶布吗？ 以前， 以前在
Hái jìde zhè kuài jiāobù ma? Yǐqián, yǐqián zài

这儿。 既然床是我们的。
zhèr. Jìrán chuáng shì wǒmen de.

607、李 翘: 其实房间没什么是我们的。
Qíshí fángjiān méi shénme shì wǒmen de.

608、李 翘: 黎小军同志， 我们怎么办？
Lí Xiǎojūn tóngzhì, wǒmen zěnme bàn?

609、黎小军: 我不想再骗自己。 我会和小婷说。
Wǒ bù xiǎng zài piàn zìjǐ. Wǒ huì hé Xiǎotíng shuō.

610、李 翘: 那我呢？
Nà wǒ ne?

611、黎小军: 你自己决定。
Nǐ zìjǐ juédìng.

612、李 翘: 我想每天睁开眼睛都看到你。
Wǒ xiǎng měitiān zhēng kāi yǎnjing dōu kàn dào nǐ.

<李翘家前面－이교의 집앞>

● 이교를 집 앞까지 배웅한 소군. 한편으로 형사들이 다가온다.

613、李 翘: 我到了。
Wǒ dào le.

614、黎小军: 我陪你上去。
Wǒ péi nǐ shàng qù.

615、李 翘: 我自己跟他说比较好。 嗯!
Wǒ zìjǐ gēn tā shuō bǐjiào hǎo. ńg!

616、黎小军: 什么事呀？
Shénme shì ya?

617、警 察: 我们是警察。 请你过来! 请问你是
Wǒmen shì jǐngchá. Qǐng nǐ guò lái! Qǐngwèn nǐ shì

李翘小姐吗？
Lǐ Qiào xiǎojie ma?

618、警 察: 如果欧阳豹接触你，请你告诉我们。
Rúguǒ Ōuyáng Bào jiēchù nǐ, qǐng nǐ gàosu wǒmen.

606. 여소군: 이 테이프 기억나? 전에, 예전 에도 여기 있었어. 침대는 우리 거야.

606. 胶布 테이프

607. 이 교: 사실 방안에 우리것은 아무것도 없어.

608. 이 교: 여소군동지, 우리 어쩌지?

609. 여소군: 난 더 이상 자신을 속이고 싶 지 않아. 소정에게 말할거야.

610. 이 교: 그럼 난?

611. 여소군: 알아서 결정해.

612. 이 교: 매일 눈을 뜰 때마다 너를 보고 싶어.

612. 睁开 눈을 뜨다

613. 이 교: 다왔어.

614. 여소군: 함께 올라갈게.

615. 이 교: 나 혼자 가서 말하 는 게 더 좋아. 응!

616. 여소군: 무슨 일입니까?

617. 경 찰: 경찰입니다. 이쪽으로 좀. 이교 씨입니까?

618. 경 찰: 만일 구양표와 접촉이 있으면 우

618. 接触 접촉하다, 가까 이하다

143

我们要抓的人不是他。 只要他跟警方
Wǒmen yào zhuā de rén bù shì tā. Zhǐyào tā gēn jǐngfāng

合作。 做我们警方的污点证人。 我
hézuò. Zuò wǒmen jǐngfāng de wūdiǎn zhèngrén. Wǒ

保证他没事。 跟我们联络吧。
bǎozhèng tā méi shì. Gēn wǒmen liánluò ba.

619、黎小军: 什么事呀?
Shénme shì ya?

620、李 翘: 豹哥有麻烦。 我上去看看。
Bào gē yǒu máfan. Wǒ shàng qù kànkan.

621、黎小军: 阿翘! 我等你。
Ā Qiào! Wǒ děng nǐ.

● 집안으로 들어온 이교. 구양표는 급히 피신한 듯 시계와 목걸이도 그대로 남아
있다. 곧 호출기로 구양표의 메시지가 들어온다.

Call机: "我现在离开香港。 请放心。 到埠后
"Wǒ xiànzài líkāi Xiānggǎng. Qǐng fàng xīn. Dào bù hòu

报平安。"
bào píng'ān."

622、李 翘: 阿荣, 我要见豹哥。
Ā Róng, wǒ yào jiàn Bào gē.

623、阿 荣: 嫂子, 豹哥不准让我告诉你。
Sǎozi, Bào gē bù zhǔn ràng wǒ gàosu nǐ.

624、李 翘: 我有话要跟他说。 你约了他在哪儿
Wǒ yǒu huà yào gēn tā shuō. Nǐ yuēle tā zài nǎr

上船?
shàng chuán?

<码头－부두>

● 밀항을 하기 위해 배를 탄 구양표를 보려고 부두를 찾은 이교과 소군. 이교는
삼판선을 타고서 구양표를 찾아간다.

리에게 좀 알려주십시오. 그를
잡으려는 게 아니오. 그가 경찰
에 협조해서 경찰쪽의 증인이
되기를 바라오. 그에게 아무 일
도 없을거라 보장하겠소. 연락
주시오.

619、 여소군: 무슨 일이야?

620、 이 교: 표오빠에게 문제가 생겼어. 올
　　　　　라가 봐야겠어.

621、 여소군: 아교! 기다릴게.

호출기: '지금 홍콩을 떠난다. 안심해. 자리잡
　　　　으면 연락할께.'

622、 이 교: 아영, 표형을 만나고 싶어.

623、 아 영: 형수님, 형님이 말하지 말라고
　　　　　했어요.

624、 이 교: 꼭 할 말이 있어. 어디서 배에
　　　　　타기로 했어?

어휘풀이

抓 잡다
污点证人 (검찰측의)
　증인

623、嫂子 형수
　　不准 …해서는 안된
　　다

145

625、 李 翘：你等我，我很快就回来。
Nǐ děng wǒ, wǒ hěn kuài jiù huí lái.

626、 黎小军：小心呀！
Xiǎoxīn ya!

<船舱－선실>

● 기관실 안쪽에 숨어 담배를 피는 구양표의 뒷모습이 보인다.

627、 李 翘：豹哥！
Bào gē!

628、 欧阳豹：我不是找人叫你不要来的吗？ 还来
Wǒ bù shì zhǎo rén jiào nǐ bù yào lái de ma? Hái lái

干什么你？
gàn shénme nǐ?

629、 李 翘：你怎么样呀？
Nǐ zěnmeyàng ya?

630、 欧阳豹：没什么。 去台湾走一趟。 习惯了。
Méi shénme. Qù Táiwān zǒu yī tàng. Xíguàn le.

631、 李 翘：警察说，不是要抓你。 只是让你当
Jǐngchá shuō, bú shì yào zhuā nǐ. Zhǐshì ràng nǐ dāng

证人。
zhèngrén.

632、 欧阳豹：当证人吗？ 那不如叫我去死。 把别
Dāng zhèngrén ma? Nà bùrú jiào wǒ qù sǐ. Bǎ bié-

人供出来呀？ 哎！
rén gòng chū lái ya? Āi!

633、 李 翘：豹哥，我有话想跟你说。
Bào gē, wǒ yǒu huà xiǎng gēn nǐ shuō.

634、 李 翘：你的链子。
Nǐ de liànzi.

635、 欧阳豹：哎呀。 怪不得浑身不自在的。 好
Āiyā. Guài bu de húnshēn bù zìzai de. Hǎo

啦，好啦。 面也见了。 啊！ 安心
la, hǎo la. Miàn yě jiàn le. Ā! Ānxīn

625、 이 교: 기다려, 빨리 돌아올게.

626、 여소군: 조심해!

627、 이 교: 표오빠!

628、 구양표: 내가 사람시켜서 오지 말라고 했잖아?

629、 이 교: 어때요?

630、 구양표: 별거 아냐. 대만에 한번 갔다오 면 돼 습관이 됐어

630、 趟 (양사) 차례, 번, (왕복하여) 한번

631、 이 교: 경찰이 당신을 잡으려는 게 아 니래요. 단지 증인이 되어달라 고 했어요.

632、 구양표: 증인? 차라리 나보고 나가죽으 라 하지. 다른 사람을 팔라고?

632、 不如 → 163 供 제공하다, 건네주 다

633、 이 교: 표오빠, 하고 싶은 말이 있어요.

634、 이 교: 당신 목걸이예요.

634、 鏈子 목걸이

635、 구양표: 아이야. 어쩐지 몸이 이상하더 라. 됐어. 얼굴도 봤겠다. 안심 하고 돌아가.

635、 怪不得 어쩐지 渾身 온몸, 전신 不自在 자유롭지 않 다, 편치 않다

回家了。
huíjiā le.

636、李 翘: 我担心你嘛。
Wǒ dānxīn nǐ ma.

637、欧阳豹: 你甚么时候变得这么啰哩啰嗦。 你
Nǐ shénme shíhou biàn de zhème luō li luō suo. Nǐ

以前不是这样子嘛。 傻丫头。 听
yǐqián bù shì zhè yàngzi ma. Shǎ yātou. tīng

我说, 现在叫辆计程车, 回家泡个
wǒ shuō, xiànzài jiào liàng jìchéngchē, huí jiā pào ge

热水澡。 明天早上一起来呢, 下面
rè shuǐ zǎo. Míngtiān zǎoshang yīqǐ lái ne, xiàmian

满街都是男人, 个个都比豹哥好。
mǎn jiē dōu shì nánrén, gè gè dōu bǐ Bào gē hǎo.

不用担心。 我有的是办法。 在台湾
Bù yòng dānxīn. Wǒ yǒu de shì bànfǎ. Zài Táiwān

我有很多老婆。 高雄有一个, 台
wǒ yǒu hěn duō lǎopo. Gāoxióng yǒu yī ge, Tái—

中有一个, 花莲也有, 连阿里山都
zhōng yǒu yī ge, Huālián yě yǒu, lián Ā-lǐ-shān dōu

有。
yǒu.

● 차마 무정히 떠날 수 없게 된 이교, 구양표의 품에 안기고, 우산을 바쳐든 소
군을 뒤로한 채 배는 떠나간다.

<小军家－소군의 집>

● 집에 돌아온 소군은 모든 사실을 소정에게 고백한다.

638、方小婷: 什么时候…开始的事?
Shénme shíhou … kāishǐ de shì?

639、黎小军: 大概很久了。
Dàgài hěn jiǔ le.

636、 이 교: 걱정돼요.

637、 구양표: 언제부터 이렇게 말이 많아졌어? 전에는 안그랬잖아. 계집애야. 내말 들어, 지금 택시불러서, 집에 돌아가서 뜨거운 물에 몸 푹 담그고 내일 아침에 일어나봐. 거리 천지에 남자들이야, 모두 나보다는 나아. 걱정마. 나도 생각이 있어. 대만에 마누라도 천지야. 고웅(高雄)에도 한 명, 대중(臺中)에도 한 명, 화린(花蓮)에도 있고, 아리산(阿里山)에도 있어.

638、 방소정: 언제부터…시작된 일이예요?

639、 여소군: 오래됐어.

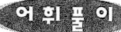

어휘풀이

637、 囉哩囉嗦 말이 많다
丫头 계집애
辆 (양사) 차량 따위의 대
泡热水澡 따뜻한 물에 목욕하다
满街都是 → **191**
高雄 (지명) 까오숑
台中 (지명) 타이쭝
花莲 (지명) 화리엔
阿里山 아리산, 대만 중부에 위치

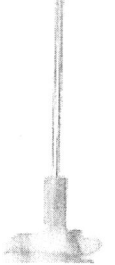

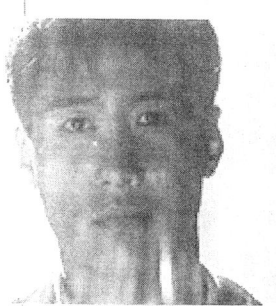

640、方小婷： 她爱你吗？
Tā ài nǐ ma?

641、黎小军： 我不知道。
Wǒ bù zhīdào.

642、方小婷： 那你为什么还要和我结婚？
Nà nǐ wèi shénme hái yào hé wǒ jié hūn?

643、黎小军： 这是我的理想。
Zhè shì wǒ de lǐxiǎng.

644、方小婷： 你来。 你跟我来。 收拾一下。 我
Nǐ lái. Nǐ gēn wǒ lái. Shōushi yīxià. Wǒ-

们马上回无锡去。 来呀， 收拾呀。
men mǎshàng huí Wúxī qù. lái yā, shōushi ya.

我们现在就回去。 如果没有下来香港，
Wǒmen xiànzài jiù huí qù. Rúguǒ méiyǒu xià lái Xiānggǎng,

这什么都不会发…不会发生了。 对吗？
zhè shénme dōu bù huì fā … bù huì fāshēng le. Duì ma?

但是…你到底来了香港。 然后她也来
Dànshì… nǐ dàodǐ láile xiānggǎng. Ránhòu tā yě lái

了。 最后…我也来了。
le. Zuì hòu … wǒ yě lái le.

645、黎小军： 小婷， 我们回不去了。
Xiǎotíng, wǒmen huí bù qù le.

<姑姑家－고모댁>

● 고모가 죽은 후 소군은 고모가 남긴 편지를 읽는다.

646、姑 姑： （信）小军！ 数来数去我在香港只有
(Xìn) Xiǎojūn! Shǔ lái shǔ qù wǒ zài Xiānggǎng zhǐyǒu

你一个亲人。 如果我死了， 这房
nǐ yī ge qīnrén. Rúguǒ wǒ sǐ le, zhè fáng-

子和里面所有的东西， 全都是你的
zi hé lǐmiàn suǒyǒu de dōngxi, quán dōu shì nǐ de

了。 我值钱的东西， 全在这个箱子
le. Wǒ zhíqián de dōngxi, quán zài zhè ge xiāngzi

640. 방소정: 그녀도 당신을 사랑해요?

641. 여소군: 모르겠어.

642. 방소정: 그럼 왜 나와 결혼했죠?

643. 여소군: 그건 내 이상이었으니까.

644. 방소정: 이리와요. 따라와요. 짐 챙겨요. 빨리 무석으로 돌아가요. 이리 와요. 짐챙겨요. 우리 지금 당장 돌아가요…홍콩에 오지 않았다면, 이런 일도 없었겠죠…그렇죠? 하지만…당신은 홍콩에 왔고, 그녀도 왔죠. 결국엔…나도 왔어요.

644. 收拾 정리하다, 짐을 챙기다

645. 여소군: 소정, 우린 돌아갈 수 없어.

646. 고 모: 소군! 아무리 손꼽아봐도 홍콩에 친척이라곤 너밖에 없구나. 만일 내가 죽으면, 이 집과 안에 있는 모든 것이 네것이 된단

646. 数来数去 헤아려보다, 손꼽아보다
一輩子 한평생
趁 …하는 김에
刀叉 나이프와 포크
偶尔 가끔
丑 못생겼다, 추하다

里。 我这一辈子最开心的一天， 就
lǐ。 Wǒ zhè yī bèizi zuì kāixīn de yī tiān, jiù—

是威廉带我去半岛吃饭。 我趁他
shì Wēilián dài wǒ qù Bàndǎo chī fàn. Wǒ chèn tā

没注意， 把我们用过的刀叉餐具给
méi zhùyì, bǎ wǒmen yòngguo de dāo chā cānjù gěi

偷了回来。 现在偶尔拿出来看看，
tōule huí lái. Xiànzài ǒuěr ná chū lái kànkan,

还是那么开心。 可能威廉早把我给
háishi nàme kāixīn. Kěnéng Wēilián zǎo bǎ wǒ gěi

忘了。 不过不要紧了。 我记得就
wàng le。 Bùguò bù yàojǐn le. Wǒ jìde jiù

行了。 而且， 我现在那么老， 那么
xíng le。 Érqiě, wǒ xiànzài nàme lǎo, nàme

丑， 他不来找我， 其实也是好事。
chǒu, tā bù lái zhǎo wǒ, qíshí yě shì hǎo shì.

<走廊－복도>

● 소정을 찾은 소군. 그러나 소정은 무정하게 그를 뿌리친다.

647、黎小军： 小婷！
Siǎo tíng!

648、方小婷： 我要上班。 不用你送了。 我正在
Wǒ yào shàng bān. Bù yòng nǐ sòng le. Wǒ zhèngzài

努力尝试一个人过日子。 所以， 还
nǔlì chángshì yī ge rén guò rìzi. Suǒyǐ, hái—

是不要过来。 一场工夫别白白浪费
shi bù yào guò lái. Yī chǎng gōngfu bié báibái làngfèi

了。
le.

649、黎小军： 小婷！
Xiǎotíng!

<姑姑家－고모댁>

다. 나에게 값나가는 건 모두
이 트렁크 안에 있어. 내 평생
가장 즐거웠던 날은, 윌리엄이
나를 데리고 페니쉴라 호텔에
갔을 때란다. 난 그가 신경쓰지
않는 틈을 타서, 우리가 사용했
던 나이프와 포크 그릇을 몰래
훔쳐 왔었지. 지금 한번씩 꺼내
보니, 여전히 이렇게 기쁘구나.
윌리엄은 일찌감치 나를 잊었겠
지. 하지만 상관없어. 나만 기억
하면 되지. 게다가, 난 지금 이
렇게 늙었고 추해졌는데, 나를
찾아오지 않는 게 잘된 일이야.

647. 여소군: 소정!

648. 소 정: 출근해야 해요. 배웅할 필요없어
요. 난 지금 혼자서 살아가보려
고 노력중이예요. 그러니, 올 필
요없어요. 괜히 시간낭비 마세요.

649. 여소군: 소정!

어휘풀이

648. 尝试 시험해보다, 경
험해보다
过日子 (세월을) 보
내다, 지내다
工夫 → **425**
白白 헛되이
浪费 낭비하다

● 짐가방을 든 개란이 계단을 내려오며 태국어로 뭔가 말한다.

650、黎小军: 小心!
　　　　　　　Xiǎoxīn!

651、Jeremy: 我 还 以为 再见 不 到 你 。
　　　　　　　Wǒ hái yǐwéi zài jiàn bu dào nǐ.

652、黎小军: 我 可以 过 来 看见 你 。
　　　　　　　Wǒ kěyǐ guò lái kàn jiàn nǐ.

653、Jeremy: 哼 ! 那 就 要 快点 。 芥兰 有 爱滋 。
　　　　　　　Hng! Nà jiù yào kuài diǎn.   Jièlán yǒu àizī.

654、Jeremy: Taxi!

655、黎小军: 保重 !
　　　　　　　Bǎozhòng

656、Jeremy: You too, man. Take care!

● 떠나가는 두 사람을 바라보며 주위의 모든 사람을 잃은 듯한 소군의 표정 쓸쓸하기만 하다.

657、黎小军: (信) 小婷 ! 我 没有 什么 东西 可以 给
　　　　　　　(Xìn) Xiǎotíng   Wǒ méiyǒu shénme dōngxi kěyǐ gěi

　　　　　　 你 。 这些 钱 本来 是 姑姑 的 。   我 只
　　　　　　　nǐ.   Zhèxiē qián běnlái shì gūgu de.   Wǒ zhǐ

　　　　　　 希望, 你 的 日子 过 得 好 。   我 明天
　　　　　　　xīwàng, nǐ de rìzi guò de hǎo.   Wǒ míngtiān

　　　　　　 就 要 走 了 。   第 一 次 坐 飞机 有 一点
　　　　　　　jiù yào zǒu le.   Dì-yī cì zuò fēijī yǒu yīdiǎn

　　　　　　 害怕 。   我 本来 就 不 是 个 勇敢 的 男
　　　　　　　hài pà.   Wǒ běnlái jiù bù shì ge yǒnggǎn de nán-

　　　　　　 人 。 我 不 敢 要 你 原谅 我 。   我 只是
　　　　　　　rén.   Wǒ bù gǎn yào nǐ yuánliàng wǒ.   Wǒ zhǐshì

　　　　　　 想, 我们 在 一起 这么 多 年,   走过 的
　　　　　　　xiǎng, wǒmen zài yīqǐ zhème duō nián,   zǒuguo de

650、 여소군: 조심해요!

651、 제레미: 다시는 못만날 것 같아.

652、 여소군: 제가 가면 볼 수 있어요.

653、 제레미: 그럼 빨리 와야 해. 개란이 에
이즈야.

654、 제레미: 택시!

655、 여소군: 몸조심해요.

656、 제레미: 너도 몸 조심해!

657、 여소군: (편지) 소정! 아무것도 줄게 없
어. 이 돈은 원래 고모거야. 난
네가 잘 지냈으면 해. 난 내일
이면 떠나. 처음 타는 비행기라
좀 두려워. 난 원래 용감한 남
자가 아니잖아. 감히 용서해달
라고는 못하겠어. 난 단지 우리
가 수많은 세월을 함께했고, 걸
어온 길이 아주 길었다고 생각

653、 愛滋 (병명) 에이즈,
　　　 AIDS＝愛死

657、 原諒 용서하다

路很长。 小婷！ 我也难过的。
lù hěn cháng. Xiǎo tíng! Wǒ yě nánguò de.

1993年 秋天 纽约

<餐厅－식당>

● 뉴욕에서 새로운 생활을 시작한 소군, 먼저 온 주방장을 도와 식당에서 주방일을 한다.

658、 太 太: 唉， 今天晚上约了朋友去学英文。
Āi, jīntiān wǎnshang yuēle péngyou qù xué Yīngwén.

你记得下了班把女儿接回来。
Nǐ jìde xià le bān bǎ nǚ'ér jiē huí lái.

659、 厨师傅: 唉！ 知道， 知道。
Āi! zhīdào, zhīdào.

660、 太 太: OK！

661、 厨师傅: 喂！ 免费学英文你要不要学？
Wèi! Miǎnfèi xué Yīngwén nǐ yào bu yào xué?

662、 黎小军: 刚去香港的时候学过一次啊。
Gāng qù Xiānggǎng de shíhou xuéguo yī cì a.

663、 厨师傅: 可以再学一次嘛。
Kěyǐ zài xué yī cì ma.

664、 黎小军: 有些东西学一次就够了。
Yǒuxiē dōngxi xué yī cì jiù gòu le.

665、 厨师傅: 你又想到哪儿去了。 以前的事别老
Nǐ yòu xiǎng dào nǎr qù le. Yǐqián de shì bié lǎo

挂在心上。 有缘千里来相会， 无
guà zài xīnshàng. Yǒu yuán qiān lǐ lái xiāng huì, wú

缘…无缘不…如相亲吧。
yuán … wú yuán bù … rú xiāngqīn ba.

666、 黎小军: 什么？ 对联呀？
Shénme? Duìlián ya?

156

해. 소정! 나도 괴로워.

658, 부 인: 오늘 저녁에 친구와 영어 배우
러가기로 했어요. 애 마중나가
는 것 잊지마요.

659, 주방장: 알았어, 알았어.

660, 부 인: 됐어요.

661, 주방장: 이봐! 공짜로 영어배
우는데 니도 배우고
싶지 않아?

662, 여소군: 막 홍콩에 갔을 때 한 번 배운
적 있어요.

661, 免费 공짜

663, 주방장: 한번 더 배우면 되잖아.

664, 여소군: 어떤 건 한 번이면 충분해요.

665, 주방장: 또 무슨 생각하는 거야? 예전
일은 마음에 걸어두지마. 인연
이 있으면 천리먼곳에 있다해도
서로 만나고, 인연이 없으면…
인연이 없으면…차라리 선보는
게 어때?

665, 想到哪儿去? 무슨
얼토당토 않은 생
각을 해?
挂在心上 마음에 담
아두다
有缘千里来相会，无
缘咫尺不相逢 (속
담) 인연이 있으면
천리 먼곳에 있어
도 만날 것이요, 인
연이 없으면 지척
에 두고도 만나지
못한다.
相亲 선보다

666, 여소군: 뭐해요? 시 대구하세요?

667、 厨师傅：　叫 你 去 相 亲。　　你 整 天 做 菜 给 人 家
　　　　　　　Jiào nǐ qù xiāngqīn.　　Nǐ zhěngtiān zuò cài gěi rénjiā

　　　　　　吃。　　你 也 希 望 有 人 煮 菜 给 你 吃 的。
　　　　　　chī.　　Nǐ yě xīwàng yǒu rén zhǔ cài gěi nǐ chī de.

　　　　　　对 不 对？
　　　　　　Duì bu duì?

668、 伙　记：　小 军 呀！　贵 妃 鸡，　外 卖！
　　　　　　　Xiǎojūn ya!　Guìfēijī,　wàimài!

669、 黎小军：　喔，　喔，　喔。　马 上 来 呀。
　　　　　　　Wō,　wō,　wō.　Mǎshàng lái ya.

670、 厨师傅：　那 个 女 孩 子 很 纯 的。　喂，　你 听 到 没
　　　　　　　Nàge nǚ háizi hěn chún de.　Wèi,　nǐ tīng dào méi

　　　　　　有？
　　　　　　yǒu?

671、 黎小军：　贵 妃 鸡。
　　　　　　　Guìfēijī.

672、 伙　记：　先 生，　外 卖。
　　　　　　　Xiānsheng,　wàimài.

● 주문한 닭고기를 받아들고 나가는 손님, 바로 구양표이다.

<宾馆－호텔>

● 조그만 호텔방에 머물고 있는 구양표와 이교. 이교는 침대에서 소군이 만든 닭
고기를 먹고 있다.

673、 欧阳豹：　哎 哟，　真 有 意 思。　　这 里 真 像 香 港 三
　　　　　　　Āiyō,　zhēn yǒu yìsi.　　Zhèlǐ zhēn xiàng Xiānggǎng sān-

　　　　　　十 多 年 前 的 油 麻 地。　　街 道 窄 窄 的，
　　　　　　shí duō nián qián de Yóumádì.　　Jiēdào zhǎizhǎi de,

　　　　　　人 又 多，　店 子 小 小 的，　什 么 都 买 得
　　　　　　rén yòu duō,　diànzi xiǎoxiǎo de,　shénme dōu mǎi de

　　　　　　到。　　有 茶 餐 厅，　有 路 边 摊，　哼！
　　　　　　dào.　　Yǒu chá cāntīng,　yǒu lùbiāntān,　hng!

667. 주방장: 너보고 선보라고. 하루종일 남
먹을 음식만 만들지 말고 다른
사람이 해주는 음식도 먹어야
지. 어때?

668. 점 원: 소군아! 귀비 닭, 갖고 갈 것!

669. 여소군: 알았어. 곧 준비할게.

670. 주방장: 그 여자 정말 순박해. 이봐, 듣
고 있어?

671. 여소군: 귀비 닭.

672. 점 원: 선생님, 가져가실것요.

673. 구양표: 아이, 진짜 재미있군. 이곳은 삼
십년 전에 야우마데이(油麻地)
같아. 거리는 좁다라하고, 사람
도 많고, 가게는 작디작은 게,
안 파는 게 없어. 차마시는 데
도 있고, 노점상도 있고, 흥! 내
가 열한 두 살 때 야우마데이
(油麻地)에서 굴러 먹었는데,
몇십년지나 또 이런 곳에 올지
는 생각도 못했어. 제기랄.

667. 整天 온종일

668. 外卖 가져가기 위해
서 포장해서 가는
것

670. 纯 순박하다, 순하다

673. 油麻地 (지명) 야우
마데이, 홍콩 구룡
의 지명
窄窄 좁다랗다
路边摊 노점상
混 굴러먹다, (주로
깡패들이) 활동하
다

哎，我十一二岁就在油麻地混，没想
Āi, wǒ shíyī-èr suì jiù zài Yóumádì hùn, méi xiǎng

到几十年过去了， 又回到这种地方
dào jǐ shí nián guò qù le, yòu huí dào zhè zhǒng dìfang

来了。 真他妈的。
lái le. zhēn tā mā de.

674、李 翘: 这鸡不难吃呀。
Zhè jī bu nán chī ya.

675、欧阳豹: 其实你喜不喜欢这里呀？
Qíshí nǐ xǐ bu xǐhuan zhèlǐ ya?

676、李 翘: 什么地方都一样。
Shénme dìfang dōu yīyàng.

677、欧阳豹: 两年跑六个地方， 跑不动啰。
Liǎng nián pǎo liù ge dìfang, pǎo bu dòng luo.

678、李 翘: 那么箱子打开。
Nàme xiāngzi dǎ kāi.

679、欧阳豹: 还要再买点家俱。 最重要的是请个
Hái yào zài mǎi diǎn jiājù. Zuì zhòngyào de shì qǐng ge

财神爷回来。
cáishényé huí lái.

680、李 翘: 我们生个孩子。
Wǒmen shēng ge háizi.

681、欧阳豹: 养小孩子很麻烦的。 吵个没完没了，
Yǎng xiǎo háizi hěn máfan de. Chǎo ge méi wán méi liǎo,

还爬上爬下的， 还是先别开箱子了。
hái pá shàng pá xià de, háishì xiān bié kāi xiāngzi le.

明天我们去看看房子， 好不好？
Míngtiān wǒmen qù kànkan fángzi, hǎo bu hǎo?

<厨师傅家-주방장의 집>

● 주방장의 집 뜰에서 가족들의 가든파티가 한창이고 소시지를 굽고 있는 소군
과 주방장이 소개해준 여자도 보인다.

674、이 교: 이 닭 정말 괜찮네요.

675、구양표: 여기가 마음에 들어?

676、이 교: 어떤 곳이나 다 똑같아요.

677、구양표: 몇 년동안 여섯 곳이나 도망다
니다보니 이젠 못 움직이겠어.

678、이 교: 그럼 짐 풀어요.

679、구양표: 가구도 좀 사야 하고, 무엇보다
재신을 모시고 와야 해.

680、이 교: 우리 애 낳아요.

681、구양표: 애키우는 건 정말 골치야. 끝도
없이 시끄럽고, 기어 올라갔다
내려갔다, 일단 트렁크 풀지 말
자. 내일 방부터 보러 가는 게
어때?

어휘풀이

682、厨师傅: Come on. give me the ball! Right!

Good ball! Ya! Come on. give me the

ball!

683、太 太: 喂！ 几只小猴子快点上来洗手吃点
Wèi! Jǐ zhī xiǎo hóuzi kuài diǎn shàng lái xǐ shǒu chī diǎn

东西了， 快点， 快点。
dōngxi le, kuài diǎn, kuài diǎn.

684、厨师傅: Go, go, go! Wash your hands。

喂！ 过去照顾一下。
Wèi! guò qù zhàogù yīxià.

685、黎小军: 我不正在照顾她吗？ 要烧东西吃
Wǒ bù zhèngzài zhàogù tā ma? Yào shāo dōngxi chī

呢。
ne.

686、厨师傅: 过去陪人家聊聊天。
Guò qù péi rénjia liáoliao tiān.

687、黎小军: 又不认识， 有什么好聊呀？
Yòu bù rènshi, yǒu shénme hǎo liáo ya?

688、厨师傅: 喂， 我花了三十多块钱买东西， 特意
Wèi, wǒ huāle sānshí duō kuài qián mǎi dōngxi, tèyì

给你介绍美女， 你怎么这个样子。
gěi nǐ jièshào měinǚ, nǐ zěnme zhège yàngzi.

689、黎小军: 我这个人就这样。 是呀。
Wǒ zhège rén jiù zhèyàng. Shì ya.

690、厨师傅: 去， 香肠， 香肠。 烧香肠！
Qù, xiāngcháng, xiāngcháng. Shāo xiāngcháng!

<街上－거리>

● 구양표와 이교는 뉴욕 거리를 다니며 집을 알아본다.

162

682、 주방장: 자, 공 던져! 좋아! 나이스 볼!
자, 공 던져!

683、 부 인: 봐라! 원숭이 새끼들 올라와서
손씻고 뭐 좀 먹어야지, 빨리,
빨리.

683、 猴子 원숭이

684、 주방장: 가! 손 씻어. 이봐, 좀 가서 좀
돌봐줘!

684、 照顾 → 439

685、 여소군: 지금 돌봐주는 거 아니에요? 먹
을 거 굽잖아요.

685、 烧 굽다

686、 주방장: 가서 같이 얘기좀 나눠.

686、 聊天 한담하다

687、 여소군: 잘 알지도 못하는데, 무슨 할말
이 있어요?

688、 주방장: 이봐, 삼십불 넘게 썼어, 특별히
미인 소개 시켜줄려고. 근데 어
찌 이모양이야?

688、 花 쓰다, 소비하다

689、 여소군: 전 원래 이런 사람이예요.

690、 주방장: 가서 소시지나 구워.

690、 香肠 소시지

163

691、欧阳豹: 旧是旧了，但是花园蛮大。
Jiù shì jiù le, dànshì huāyuán mán dà.

692、李 翘: 这种破房子都要三十万美金，这不
Zhè zhǒng pò fángzi dōu yào sānshí wàn měijīn, zhè bù

是抢的。 值什么钱呀?
shì qiǎng de. zhí shénme qián yā?

693、欧阳豹: 那就把你卖到唐人街去。
Nà jiù bǎ nǐ mài dào Tángrénjiē qù.

694、李 翘: 舍得你就卖吧。 其实我看呀。 有
Shě de nǐ jiù mài ba. Qíshí wǒ kàn ya. Yǒu

钱应该买一间房子来收租。
qián yīnggāi mǎi yī jiān fángzi lái shōu zū.

695、欧阳豹: 我只希望有自己的花园，浇浇花，种—
Wǒ zhǐ xīwàng yǒu zìjǐ de huāyuán, jiāojiao huā, zhòng—

种草，看小孩子玩多开心。
zhòng cǎo, kàn xiǎoháizi wán duō kāixīn.

696、李 翘: 我要去洗衣店。
Wǒ yào qù xǐyīdiàn.

697、欧阳豹: 你去吧。
Nǐ qù ba.

698、李 翘: 唉! 你等我。
Āi! Nǐ děng wǒ.

699、欧阳豹: 去吧。
Qù ba.

● 길거리에 앉아 담배를 피며 이교를 기다리는 구양표에게 어린 흑인 깡패 몇 명이 다가와 시비를 건다.

700、黑太保: …Give me a cigarette…

701、欧阳豹: …好了，好了… 不要抢我的…
… hǎo le, hǎo le bù yào qiǎng wǒ de …

● 담배를 달라던 깡패들은 구양표의 시계와 패물을 뺏으려 하고 몸싸움이 거칠

164

691, 구양표: 낡긴 했지만, 정원은 정말 크군.

692, 이 교: 그렇게 낡은 집이 삼십만 달러가 넘다니, 강도 아니예요? 무슨 가치가 있다고.

693, 구양표: 그럼 차이나타운에 너나 갖다 팔아야겠다.

694, 이 교: 팔 수 있으면 팔아봐요. 사실 제 생각에, 돈이 있으면 집 하나 사서 세 놓아야 겠어요.

695, 구양표: 난 화원만 있으면 돼, 꽃에 물도 주고 화초나 키우고, 애들 노는 것 보면 얼마나 기쁘겠어.

696, 이 교: 세탁소 가봐야 해요.

697, 구양표: 가봐.

698, 이 교: 기다려요.

699, 구양표: 가봐.

700, 흑인깡패: …담 배 좀 주쇼…

701, 구양표: 야, 야…내거야, 안돼…

어휘풀이

691, …是…了 …하기는 하지만
花园 화원
蛮 → 373

692, 破 낡은, 떨어진
抢 → 401
值 가치가 있다

693, 唐人街 차이나 타운

694, 舍得 아깝기 않다, 미련이 없다
收租 세를 받다

695, 浇 물주다
种 심다, 가꾸다
玩 놀다, 장난하다

어지며 혼란한 와중에 총성이 울린다. 뒤늦게 세탁소를 나온 이교, 구양표를 찾지 못하고 군중들 틈을 헤맨다.

<医院－병원>

● 싸늘한 시신으로 변한 구양표를 검시관이 이교에게 확인하게 한다.

702. 警　察： Do you recognize him or not?

703. 李　翹： Can you please turn him over.

● 시신의 등에는 미키 마우스의 문신이 선명하고 이교는 울음을 터뜨린다.

704. 李　翹： 豹哥！ 豹哥！
　　　　　　 Bào gē!　Bào gē!

705. 警　察： Miss Lee Chiao, your visa has expired.

Under United States immagration law,

you must be departed within 48hours.

Then you will be escorted to the air-

port.

<汽车－자동차>

● 강제추방 되어지는 이교를 이민국 직원들이 차에 태우고 공항으로 간다.

706. 男 ： Move it. Come on, move it. This drop

off is driving me crazy!

707. 女 ： Tell me about it. This is my third run

166

702. 경 찰: 이 사람 알아보시겠습니까?

703. 이 교: 돌려주실 수 있습니까?

704. 이 교: 표오빠, 표오빠.

705. 경 찰: 당신의 비자는 만료되었습니다.
미연방이민법에 의해서 당신은
48시간 내에 떠나셔야 합니다.
공항까지 안내될 겁니다.

706. 남 : 제발 좀 움직여. 야! 움직여. 이
놈의 추방작업은 날 미치게 해.

707. 여 : 나야말로 오늘만 해도 이번이
벌써 세탕째야. 한번은 두 사람
의 멕시코인, 또 한번은 인디언
가족이였어.

today. I already had two Maxicans and Indian family.

708. 男 : Maybe we could to tell her take the airport coach instead.

709. 女 : Well, well at least she deserves one chance to try to get away. Right?

● 순간적으로 차 곁을 스쳐지나가는 자전거와 낯익은 뒷모습에 이교는 차문을 박차고 내려 그를 쫓아가고, 이민국 직원들이 그녀를 잡으려 한다.

710。 女 : Go, go, go!

711. 李翹: 黎小军!　黎小军!　黎小军!　黎小军!
　　　　　Lí Xiǎojūn!　　Lí Xiǎojūn!　　Lí Xiǎojūn!　　Lí Xiǎojūn!

　　　　黎小军!
　　　　Lí Xiǎojūn!

● 애타게 부르는 이교의 외침을 듣지 못한 소군. 두리번 거리며 소군을 찾는 이교를 남겨두고 자전거를 타고 사라진다.

1995年

<自由女神像前面－자유의 여신상 앞>

● 관광 가이드를 하고 있는 이교. 자유의 여신상 관광을 안내하던 중 전화로 고향의 아버지와 통화를 한다.

712. 李翹: 对, 我拿了绿卡呀。　啊? 没问题,
　　　　　Duì,　wǒ nále lùkǎ ya.　Ā?　Méi wèntí,

　　　　没问题。 我花钱叫律师做的。 这一
　　　　Méi wèntí.　Wǒ huā qián jiào lùshī zuò de.　Zhè yī

708. 남 : 데려다 주지 말고 이 여자에게
공항가서 비행기 타라고 해도
되잖을까?

709. 여 : 적어도 그녀는 도망갈 기회를
얻을 만하지.

710. 여 : 어서 가, 가, 가!

711. 이 교: 여소군, 여소군, 여소군, 여소군,
여소군.

712. 이 교: 예, 그린카드를 받았어요. 괜찮
다니까요. 돈들여서 변호사 사
서 만든건데요. 이번에는 틀림
없이 괜찮아요. 돌아가는 비행
기표도 샀구요. 예. 이제 드디어
돌아가요. 가서 이야기 해요. 돈
낭비 하지 말구요. 아빠 일찍
쉬세요. 예, 알겠어요. 바이, 바
이!

어 휘 풀 이

712. 绿卡 그린 카드
律师 변호사
机票 비행기 표

169

次一定没事儿。　我买回来的机票。
cì yīdìng méi shìr.　Wǒ mǎi huí lái de jīpiào.

对，终于可以回来了。回来再说，别
Duì, zhōngyú kěyǐ huí lái le.　Huí lái zài shuō, bié

浪费钱，好不好？爸！你早点儿休
làngfèi qián, hǎo bu hǎo?　Bà!　Nǐ zǎo diǎnr xiū

息。好，知道了，拜拜，拜！
xi.　Hǎo, zhīdào le,　bàibài, bài!

713. 李　翘：　唉，我们快到自由神像啦。
Āi, wǒmen kuài dào zìyóu shénxiàng la.

<自由女神像-자유의 여신상>

● 자유의 여신상으로 주방장과 놀러나온 소군. 마천루에서 시가지를 내려다 보고 있다.

714. 黎小军：　喂，唐人街在哪里呀？
Wèi, tángrénjiē zài nǎli ya?

715. 厨师傅：　唉，唐人街在那边，看到呀？这边
Āi, Tángrénjiē zài nàbian, kàn dào ya?　Zhè biān

是苏毫，这边是意大利区。在那儿
shì Sūháo, zhèbian shì Yìdàlì qū.　Zài nàr

下去就是唐人街啊。那，你看见
xià qù jiù shì Tángrénjiē a.　Nà,　Nǐ kàn jiàn

我们餐馆了吗？来呀，看见了？
wǒmen cānguǎn le ma?　lái ya, kàn jiàn le?

716. 黎小军：　看见了。红顶那一间嘛。
Kàn jiàn le.　Hóng dǐng nà yī jiān ma.

717. 厨师傅：　绿色顶的。
Lǜsè dǐng de.

718. 黎小军：　红色的吧。
Hóngsè de ba.

719. 厨师傅：　唉，那个尖角旁边的那一个。
Āi, nàge jiānjiǎo pángbiān de nà yī ge.

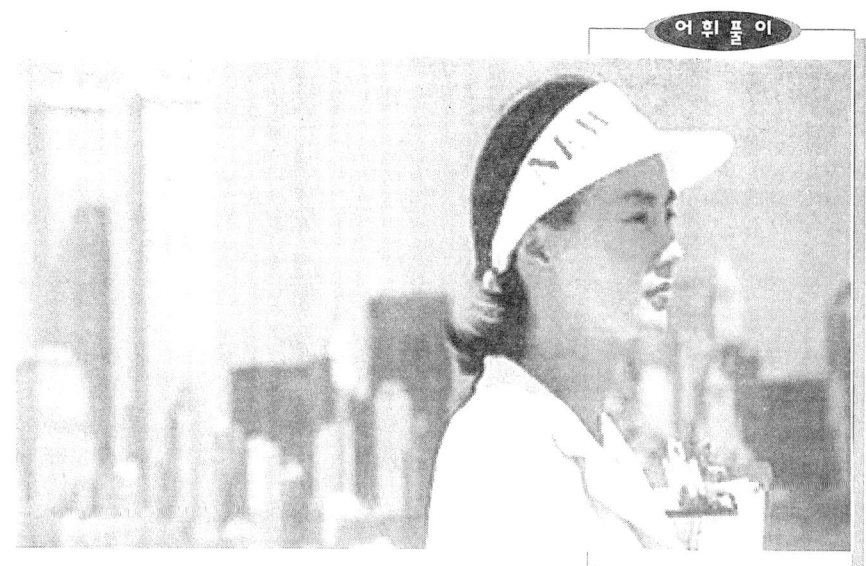

713. 이 교: 자 우리는 곧 자유의 여신상에
　　　　　도착합니다.

714. 여소군: 차이나타운이 어디죠?

715. 주방장: 자, 차이나타운은 저기야. 보이
　　　　　지? 저기가 소호고, 저쪽은 이
　　　　　태리구고, 저리 내려가면 바로
　　　　　차이나타운이야. 우리 식당 보
　　　　　이지? 자, 자 보이지?

716. 여소군: 보여요. 빨간지붕말이죠?

717. 주방장: 녹색지붕.

718. 여소군: 빨간색이지.

719. 주방장: 에이, 저기 뾰족 튀어나온 곳
　　　　　옆에 말이야.

715. 苏毫 (지명) 소호
　　　意大利区 (지명) 리
　　　틀 이태리

716. 顶 지붕

719. 尖角 튀어나온 모서
　　　리

171

720、 黎小军： 是， 尖角旁边的那一栋啊， 是红色
Shì, jiānjiǎo pángbiān de nà yī dòng a, shì hóngsè

的嘛。
de ma.

721、 厨师傅： 不是。
Bù shì.

722、 黎小军： 我上去过。 是红色。
Wǒ shàng qù guo. Shì hóngsè.

723、 厨师傅： 你上去过。 你有我那么清楚， 好啦，
Nǐ shàng qù guo. Nǐ yǒu wǒ nàme qīngchu, hǎo la,

好啦。 别争啦。 过几年等我们发了
hǎo la. Bié zhēng la. Guò jǐ nián děng wǒmen fāle

财， 在帝国大厦顶楼开个中国餐馆
cái, zài Dìguó dàshà dǐnglóu kāi ge zhōngguó cānguǎn

叫做 "Top of the world"。 那个时候
jiàozuò "Top of the world". Nàge shíhou

什么地方都能看见了。 哈哈哈…
shénme dìfang dōu néng kàn jiàn le. Hā hā hā…

724、 黎小军： Top of the world!

<自由女神像前面－자유의 여신상 앞>

● 이교의 안내를 받고 있는 관광객들 기념촬영에 정신이 없다.

725、 人 们： 好， 好， 快快来， 快！
Hǎo, hǎo, kuàikuāi lái, kuài!

726、 男 ： 预备， 看镜头。 笑一笑。 笑笑。
Yùbèi, kàn jìngtou. Xiào yi xiào. Xiàoxiao.

OK. 每个人都笑。 OK!
Měige rén dōu xiào.

727、 女1 ： 导游， 导游！ 在自由神像还要待多
Dǎoyóu, dǎoyóu! Zài Zìyóu shénxiàng hái yào dài duō

久嘛？ 我要去买 Gucci 手袋啦。
jiǔ ma? Wǒ yào qù mǎi Gucci shǒudài la.

172

720. 여소군: 예. 저 뾰족한 모서리 옆 건물 말이예요. 빨간색이잖아요.

721. 주방장: 아니야.

722. 여소군: 내가 올라가봤어요. 빨간색이예요.

723. 주방장: 아, 네가 올라가봤다고? 네가 나만큼 잘 아냐? 됐다 됐어. 관두자. 몇 년 지나서 우리가 돈을 벌고 나면 엠파이어 스테이트빌딩 꼭대기에 'Top Of The World'라는 중국식당을 하나 차리자. 그때가 되면 어디서든지 다 보이겠지. 하하하…

724. 여소군: 'Top Of The World'

725. 사람들: 좋아, 좋아. 빨리 빨리 빨리.

726. 남 자: 준비해. 렌즈를 보라구. 웃으세요. 오케이 다들 웃어요, 오케이.

727. 여자1: 이봐요 가이드, 자유의 여신상에서 얼마나 있을거예요? 나는 구찌 핸드백 사러 가야돼요.

728、李翘： 不着急。 我们先拍照， 然后带去购
Bù zháo jí. Wǒmen xiān pāi zhào, ránhòu dài qù gòu

物， 好不好？
wù, hǎo bu hǎo?

729、女1 ： 好！
Hǎo!

730、女2 ： 小姐！ 听说你是广州人。
Xiǎojie! Tīngshuō nǐ shì Guǎngzhōurén.

731、李翘： 对。 我来了快七年。
Duì. Wǒ láile kuài qī nián.

732、女2 ： 多久没回去了？
Duō jiǔ méi huí qù le?

733、李翘： 我下个月会回去。
Wǒ xià ge yuè huì huí qù.

734、女1 ： 对对对， 以前那些人都往外面走。
Duì duì duì, yǐqián nàxiē rén dōu wǎng wàimiàn zǒu.

现在都回去啦。 香港好多人都到我们
Xiànzài dōu huí qù la. Xiānggǎng hǎo duō rén dōu dào wǒmen

那边去打工耶。
nàbian qù dǎ gōng yē.

735、女2 ： 是嘛。 以前出来的人都后悔啦。
Shì ma. Yǐqián chū lái de rén dōu hòuhuǐ la.

还是国内赚钱的机会比较多。
Háishi guónèi zhuàn qián de jīhuì bǐjiào duō.

736、女1 ： 是呀。
Shì ya.

<扶梯－에스컬레이터>

● 에스컬레이터를 오르며 저 멀리로 자유의 여신상을 바라다보는 소군 일행.

737、厨师傅： 自由女神像在那边， 看了没有？ 我
Zìyóu nǚshénxiàng zài nàbian, kànle méiyǒu? Wǒ

带你去， 好不好？
dài nǐ qù, hǎo bu hǎo?

174

728. 이 교 : 서두르지 마세요. 사진부터 찍고, 제가 쇼핑하러 모시고 갈게요.

729. 여자1 : 예.

730. 여자2 : 아가씨 듣자하니 광주사람이라면서요?

731. 이 교 : 예. 온 지 벌써 7년이 되어가요.

732. 여자2 : 돌아가지 않은 시 얼마나 됐어요?

733. 이 교 : 전 다음달이면 돌아갈 거예요.

734. 여자1 : 그래, 그래. 예전의 사람들은 모두 외지로 나갔는데 지금은 다들 돌아가지. 홍콩에도 많은 사람들이 우리 있는 곳에 와서 일하기도 한다우.

735. 여자2 : 맞어. 예전에 나갔던 사람들은 모두 후회를 하지. 아무래도 국내에서 돈벌 기회가 비교적 많잖아.

736. 여자1 : 맞어.

737. 주방장 : 자유의 여신상이 저기에 있어. 보이니. 내가 데리고 갈게. 응?

738. 儿　子：　好哇！
Hǎo wa!

＜旅行公司－여행사＞

● 고국으로 돌아갈 비행기를 예약한 이교가 여행사를 찾아간다.

739. 女职员：　现在是旺季。　High season.　很难订
Xiànzài shì wàngjì.　　　　　　　　Hěn nán dìng

到位子。　你现在不订，　到时候可
dào wèizi.　Nǐ xiànzài bù dìng,　dào shíhou kě

就没啦。　OK. 明天打电话给我。
jiù méi la.　　　Míngtiān dǎ diànhuà gěi wǒ.

真麻烦！
Zhēn máfan!

740. 女职员：　你的机票已经出啦。　绿卡也拿到了，
Nǐ de jīpiào yǐjing chū la.　Lǜkǎ yě ná dào le,

可以回乡下了。
kěyǐ huí xiāngxià le.

741. 李　翘：　是呀。
Shì ya.

742. 女职员：　陈先生的位子订好了没有？
Chén xiānsheng de wèizi dìng hǎo le méiyǒu?

743. 女职员：　唉！　玩得开心点…
Āi!　Wán de kāixīn diǎn …

● 여행사를 나서려는 이교에게 등려군의 사망소식이 방송으로 전해진다.

744. 广　播：　风靡海峡两岸的著名歌星邓丽君，今
Fēngmí hǎixiá liǎngàn de zhùmíng gēxīng Dèng Lìjūn,　jīn-

天下午在泰国清迈一间酒店突然因
tiān xiàwǔ zài Tàiguó Qīngmài yī jiān jiǔdiàn tūrán yīn

哮喘病发逝世。　终年四十二岁。　邓
xiàochuǎn bìng fā shìshì.　Zhōngnián sìshíèr suì.　Dèng

丽君原籍山东，1953年在台湾出生。
Lìjūn yuánjí Shāndōng,　1953 nián zài Táiwān chūshēng.

738、아 들: 예.

739、직 원: 지금은 성수기란 말이야. High season. 좌석예약하기 어려워요. 지금 예약하지 않으면 그때가면 없을 거예요. 오케이. 내일 전화 주세요. 어휴, 골치아파.

740、직 원: 당신표가 이미 나왔어요. 그린 카드도 받았고, 이젠 돌아갈 수 있겠네요.

741、이 교: 예.

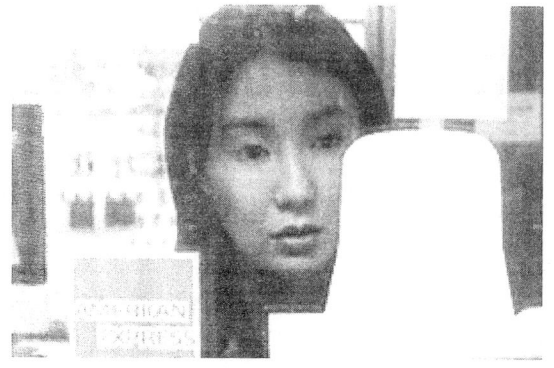

742、직 원: 진선생님의 좌석은 예약했니?

743、직 원: 어이, 잘 놀다와요.

744、방 송: 대륙과 대만을 열광시킨 유명가 수 등려군이 금일 오후 태국의 청매호텔에서 갑작스런 천식의 발병으로 사망하였습니다. 올해 나이 42세인 등려군은 산동사 람으로, 1953년 대만에서 출생

어휘풀이

739、旺季 성수기
订 예약하다
位子 좌석, 자리

744、疯魔 열광하다
海峡两岸 중국 대륙
   과 대만을 지칭함
著名 저명한
歌星 가수
哮喘病 천식
逝世 서거하다, 세상
   을 뜨다, 죽다
终年 향년
原籍 원적, 본적

来自一个军人的家庭。十一岁已经开
Láizì yī ge jūnrén de jiātíng. Shíyī suì yǐjing kāi-

始登台表演， 迅速受到本土人士的
shǐ dēng tái biǎoyǎn, xùnsù shòu dào běntǔ rénshì de

欢迎。   并且经常穿梭台湾、香港
huānyíng.   Bìngqiě jìngcháng chuānsuō Táiwān、 Xiānggǎng

和东南亚一带开演唱会…
hé Dōngnányà yī dài kāi yǎnchànghuì …

● 등려군의 사망소식과 함께 추억을 잃은 듯한 심정의 이교. 거리를 쓸쓸히 거닐고, 한편 이발소에서 같은 소식을 접한 소군 역시 추억을 되새기며 거리를 걷는다. 길거리의 쇼 윈도우 앞에서 나란히 서서 등려군의 사망 뉴스를 보던 두 사람 서로를 발견하고 기쁨과 회한의 미소를 짓는다.

[插曲 “ 月 亮 代 表 我 的 心 ”]
chāqǔ   yuèliang dàibiǎo wǒ de xīn

[主题曲 “ 甜蜜蜜 ”]
zhǔtíqǔ   tiánmìmì

1986年 3月 1日

<九龙站-구룡역>

● 10년 전의 홍콩. 구룡역으로 들어오는 열차에서 잠든 소군의 모습과 그 뒤에서 머리를 마주 기대고 있는 여자 승객… 이교의 모습이 보인다. 두 사람의 인연은 서로를 인식하기 전 이미 시작된 것이었다.

剧 终

178

하였고, 군인의 가정에 태어났습니다. 11세때 이미 무대에 올랐고, 빠른 속도로 본토사람들의 환영을 받았으며, 빈번히 대만과 홍콩, 동남아 일대를 돌며 콘서트를 개최하였고…

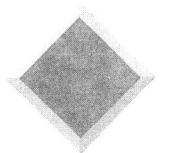

부 록

甜蜜蜜 달콤하게
月亮代表我的心 저 달은 내마음
泪的小雨 눈물의 가랑비
再见我的爱人 안녕 내사랑

甜蜜蜜
tiánmìmì

노래 : 邓丽君
작사 : 庄奴
작곡 : 인도네시아 민가

甜蜜蜜你笑得甜蜜蜜
tiánmìmì nǐ xiào de tiánmìmì

好像花儿开在春风里开在春风里
hǎoxiàng huār kāi zài chūnfēng lǐ kāi zài chūnfēng lǐ

在哪里在哪里见过你
zài nǎ lǐ zài nǎ lǐ jiànguo nǐ

你的笑容这样熟悉我一时想不起
nǐ de xiàoróng zhèyàng shúxī wǒ yīshí xiǎng bù qǐ

啊…在梦里
ā zài mèng lǐ

梦里梦里见过你甜蜜笑得多甜蜜
mèng lǐ mèng lǐ jiànguo nǐ tiánmì xiào de duō tiánmì

是你是你梦见的就是你
shì nǐ shì nǐ mèng jiàn de jiù shì nǐ

在哪里在哪里见过你
zài nǎlǐ zài nǎlǐ jiànguo nǐ

你的笑容这样熟悉我一时想不起
nǐ de xiàoróng zhèyàng shúxī wǒ yīshí xiǎng bù qǐ

啊…在梦里
ā … zài mèng lǐ

달콤하게

달콤하게, 그대는 달콤하게 웃었네.

마치 봄바람 속에 피어나는 꽃처럼,

그 어디선가 본듯한 그대.

그대의 웃는 모습 그리도 눈에 익었건만

생각이 나질 않네.

아 꿈속이었지.

꿈속에서 만난 그대 달콤하게 웃고 있었지.

바로 그대 꿈속에서 만난 그대,

그 어디선가 본듯한 그대.

그대의 웃는 모습 그리도 눈에 익었건만

생각이 나질 않네.

아 꿈속이었지.

月亮代表我的心
yuèliang dàibiǎo wǒ de xīn

노래 : 邓丽君
작사 : 系 仪
작곡 : 汤 尼

你问我爱你有多深我爱你有几分
nǐ wèn wǒ ài nǐ yǒu duō shēn wǒ ài nǐ yǒu jǐ fēn

我的情也真我的爱也真月亮代表我的心
wǒ de qíng yě zhēn wǒ de ài yě zhēn yuèliang dàibiǎo wǒ de xīn

你问我爱你有多深我爱你有几分
nǐ wèn wǒ ài nǐ yǒu duō shēn wǒ ài nǐ yǒu jǐ fēn

我的情不移我的爱不变月亮代表我的心
wǒ de qíng bù yí wǒ de ài bù biàn yuèliang dàibiǎo wǒ de xīn

轻轻的一个吻已经打动我的心
qīng qīng de yī ge wěn yǐjing dǎdòng wǒ de xīn

深深的一段情教我思念到如今
shēnshēn de yī duàn qíng jiào wǒ sīniàn dào rújīn

你问我爱你有多深我爱你有几分
nǐ wèn wǒ ài nǐ yǒu duō shēn wǒ ài nǐ yǒu jǐ fēn

你去想一想你去看一看月亮代表我的心
nǐ qù xiǎng yi xiǎng nǐ qù kàn yi kàn yuèliang dàibiǎo wǒ de xīn

저 달은 내마음

그대는 물었었지 내가 얼마나 깊이 그대를 사랑하는지.

나의 정도 사랑도 진실하오,

저 달이 내 마음을 대신해요.

그대는 물었었지 내가 얼마나 깊이 그대를 사랑하는지.

내 마음도 사랑도 변하지 않으리,

저 달이 내 마음을 대신해요.

가벼운 입맞춤에 내 마음은 열렸고,

깊은 정에 나의 그리움은 지금까지 이어지네.

그대는 물었었지 내가 얼마나 깊이 그대를 사랑하는지.

그대 생각해 보오,

그대 가서 보세요,

저 달이 내 마음을 대신해요.

泪的小雨
lèi de xiǎo yǔ

노래 : 邓丽君
작사 : 庄奴
작곡 : 彩木雅夫

分不出是泪是雨　泪和雨忆起了你
fēn bù chū shì lèi shì yǔ　lèi hé yǔ yì qǐ le nǐ

忆起你雨中分离　泪珠儿洒满地
yì qǐ nǐ yǔ zhōng fēn lí　lèi zhū ér sǎ mǎn dì

哭泣你哭泣　为了分离分离分离后　再相见不易
kū qì nǐ kū qì　wéi le fēn lí fēn lí fēn lí hòu　zài xiāngjiàn bù yì

我曾把你的爱情藏在我心底
wǒ zēng bǎ nǐ de àiqíng cáng zài wǒ xīndǐ

啊…藏在我心底就好像藏起回忆
ā … cáng zài wǒ xīndǐ jiù hǎoxiàng cáng qǐ huíyì

我喜欢绵绵细雨细雨里忆起了你
wǒ xǐhuan miánmián xì yǔ xì yǔ lǐ yì qǐ le nǐ

忆起你在我怀里泪珠儿洒满地
yì qǐ nǐ zài wǒ huái lǐ lèizhūr sǎ mǎndì

哭泣你哭泣　为了分离分离分离后　再相见不易
kū qì nǐ kū qì　wéi le fēn lí fēn lí fēn lí hòu　zài xiāngjiàn bù yì

我曾把你的影子藏在我梦里
wǒ zēng bǎ nǐ de yǐngzi cáng zài wǒ mèng lǐ

啊…藏在我梦里就好像藏起回忆
ā … cáng zài wǒ mèng lǐ jiù hǎoxiàng cáng qǐ huíyì

186

눈물의 가랑비

눈물인지 비인지 구분할 순 없지만,

눈물과 비속에 떠오르는 그대.

비속에서 눈물 흘리며 떠나간 그대를 생각하네.

그대는 울었었지 이별 때문에,

그리고 이별후 만나지 못할까봐 눈물 흘렸었지.

나는 그대의 사랑을 가슴 깊이 숨겨두었네.

아~ 가슴깊이 마치 추억을 감추듯,

나는 가랑비가 좋으네.

그속에서 떠오르는 당신,

그대를 내 가슴속에 떠올릴때면,

눈물은 따라 흐르네.

그대는 울었었지 이별 때문에,

그리고 이별후 만나지 못할까봐 눈물 흘렸었지.

나는 그대의 모습을 꿈속에 숨겨두었네,

아~ 꿈속 깊이 마치 추억을 감추듯.

再见我的爱人
zài jiàn wǒ de àirén

노래 : 邓丽君
작사 : 文采
작곡 : 平尾昌晃

Goodbye My Love 我的爱人再见
wǒ de àirén zài jiàn

Goodbye My Love 相见不知哪一天
xiāngjiàn bù zhī nǎ yī tiān

我把一切给了你希望你要珍惜
wǒ bǎ yīqiè gěi le nǐ xīwàng nǐ yào zhēnxī

不要辜负我的真情意
bù yào gūfù wǒ de zhēn qíngyì

Goodbye My Love 我的爱人再见
wǒ de àirén zài jiàn

Goodbye My Love 从此和你分离
cóngcǐ hé nǐ fēnlí

我会永远永远爱你在心里
wǒ huì yǒngyuǎn yǒngyuǎn ài nǐ zài xīn lǐ

希望你不要把我忘记
xīwàng nǐ bù yào bǎ wǒ wàngjì

我永远怀念你温柔的情怀念你
wǒ yǒngyuǎn huáiniàn nǐ wēnróu de qíng huáiniàn nǐ

热烘的心怀念你甜蜜的吻怀念你
rèhōng de xīn huáiniàn nǐ tiánmì de wěn huáiniàn nǐ

那醉人的歌声怎能忘记这段情
nà zuì rén de gēshēng zěn néng wàngjì zhè duàn qíng

我的爱再见不知哪日再相见
wǒ de ài zài jiàn bù zhī nǎ rì zài xiāngjiàn

(再见我的爱人　我就永远不会忘记你　也希望你不
(zài jiàn wǒ de àirén　wǒ jiù yǒngyuǎn bù huì wàngjì nǐ　yě xīwàng nǐ bù

要把我忘记　也许我们还会有见面的一天不是吗?)
yào bǎ wǒ wàngjì　yěxǔ wǒmen hái huì yǒu jiàn miàn de yī tiān bù shì ma?)

我的爱我相信总有一天能再见
wǒ de ài wǒ xiāngxìn zǒng yǒu yī tiān néng zài jiàn

안녕 내사랑

Goodbye My Love 내사랑 이젠 안녕.

Goodbye My Love 이제 언제나 만나려나.

내 모든 것 그대에게 드렸다오 부디 잘 간직하길.

나의 정을 저버리지 마오.

Goodbye My Love 내사랑 이젠 안녕.

Goodbye My Love 이제 그대와 헤어지네.

나는 영원히 그대를 마음속으로 사랑하리.

그대 제발 나를 잊지 마오.

영원히 그대를 그릴거예요, 따스했던 정 그리워라.

뜨거운 마음 그리워라 달콤했던 입맞춤 그리워라.

매혹스러웠던 노래소리 어찌 이 사랑 잊으리.

내사랑 부디 안녕 언제나 다시 만나리.

안녕 내사랑 나는 영원히 그대를 잊지 않으리.

그대도 나를 잊지 않기 바라오.

언젠가 다시 만날 날이 있겠지 그렇죠?

내사랑 나는 믿어요 언젠가 다시 만날 수 있으리라고.

◆ 편저자약력

▶ 김성민
부산경성대학교대학원 졸업
流利圈 중국어학회 대표
동대학원 재학
부산광역시 명예 통역관

▶ 우치갑
한국교원대학교 교육학석사
(현)경기도 탄벌중학교 중국어교사
Daum 카페 한어수평고시(HSK) 운영자

영원한 사람의 戀歌 **甛 蜜 蜜**

초판발행 : 1998년 8월 10일
6 쇄발행 : 2014년 1월 10일
편 저 자 · 김성민 · 우치갑
펴 낸 이 · 윤우상
등   록 · 76. 2. 2. 제9-40호
펴 낸 곳 · 송산출판사
주   소 · 서울·서대문구 홍제2동 104-6
전 화 번 호 · (02)735-6189
팩   스 · (02)737-2260
E-mail · songsan1@korea.com
홈페이지 · www.songsanpub.co.kr
가   격 · 8,000원